Walter Simon

Arbeitswelt 4.0

Einblicke und Ausblicke

Arbeitswelt 4.0

Einblicke und Ausblicke

© Prof. Dr. Walter Simon

Für die im Buch verwendeten Markennamen gelten die allgemeinen Schutzrechte.
Umschlaggestaltung: Ulrike Linnenbrink, 48485 Neuenkirchen
UlinneDesign, www.ulinnedesign.de
Umschlagfoto: © fotolia, Ursula Deja

3. Auflage 2018

ISBN 978-1533549037

Anschrift des Autors:
Mittelstraße 19a, 61231 Bad Nauheim
prof.simon@online.de, www.profsimon.de

Amazon/Create Space Open Publishing Platform, Leipzig

Für alle in der Türkei inhaftierten Journalisten,
Wissenschaftler und Regimekritiker

Inhalt

Vorwort

Unter dem Titel ‚Arbeit 4.0 erscheinen seit 2013 meine monatlichen Kolumnen exklusiv auf business-wissen.de, dem Online-Fachmagazin für Management und Organisation. Ich habe sie hier zusammengefasst, um sie dem interessierten Leser auch in Buchform zugänglich zu machen. Mit jeder neuen Kolumne wird dieses Buch fortgeschrieben.

Es ist seit einigen Jahren üblich, wirtschaftsgeschichtliche Epochen beziehungsweise Sachverhalte mit Versionszahlen zu versehen, beispielsweise Web 2.0, Kapitalismus 3.0 oder Industrie 4.0. Letztere entwickelt sich zu einem neuen Epochenbegriff, flankiert von Banking 4.0., Klinik 4.0, Logistik 4.0, Mobility 4.0, Wohnen 4.0, um nur einige Beispiele zu nennen.

4.0 galt zunächst nur für die Industrie, etwa so, wie nach 1990 das Lean-Management. Die ganze Wirtschaft wurde anschließend ‚lean‘. Ähnlich ist es bei der Industrie 4.0.

Der Titel ‚Arbeitswelt 4.0‘ meint mehr als IT-Systeme, Robotik und Sensorik, 3-D-Drucker, Clouds, Big-Data, Software und Algorithmen. In diesem Buch geht es um die Wirkungen der Digitalisierung auf die Arbeitswelt in ihrer ganzen Vielfalt und Breite. Das Internet spielt hierbei die Hauptrolle. Das ‚Internet der Dinge‘ und das ‚Internet der Dienste‘, und damit die Algorithmisierung und Roboterisierung, bewirken tiefgreifende Veränderungen unserer Gesellschaft. Vom Internet gehen Entwicklungen aus, die denen der Industriellen Revolution vergleichbar sind. Unser Leben ist mit dem Internet verwoben. Es wird uns begleiten und die Inhalte unseres Denkens prägen. Aus diesem Netz gibt es kein Entrinnen.

Der Buchtitel Arbeitswelt 4.0 drückt den Zusammenhang von Digitalisierung, Arbeit und Gesellschaft aus. 4.0 kann man auch als eine Art gesellschaftlichen Versionsstand sehen. Unsere Arbeits- und Alltagskultur wird digital transformiert.

Der Untertitel dieses Buches ‚Einblick und Ausblick‘ drückt

aus, dass jedweder Versuch einer Zukunftsbeschreibung gegenwartsbezogen sein muss. Wer über die Zukunft nachdenkt, muss die Vergangenheit kennen und die Gegenwart erkennen. Zukunft wird zwar im Hier und Jetzt gestaltet, das aber unter Bedingungen, die unsere Generation von der vorherigen übernommen hat.

Der Begriff ‚Ausblick' im Untertitel fordert auf, die Vogelperspektive einzunehmen, um das zu erkennen, was der Frosch nicht sieht. Von oben sind erste Bewegungen in eine bestimmte Richtung erkennbar, die auf dem Wege in die Zukunft stärker und schneller werden. Es kommt darauf an, diese Signale zu erkennen und richtig zu deuten. Aber. „Prognosen sind schwierig, besonders wenn sie die Zukunft betreffen", schrieb Karl Valentin.

Wer den Ausblick versucht, muss wissen, dass sich die Zukunft nicht in die Karten schauen lässt. Wir können zwar vieles extrapolieren, aber die gesellschaftlichen Wirkungsverläufe ähneln einem Würfelspiel mit mehr als drei Würfeln. Der Weg von der Gegenwart in die Zukunft ist mit unvorhersehbaren Ereignissen gepflastert, die eine genaue Wegbeschreibung verhindern. Letztendlich blicken wir in einen Nebel von Ungewissheit, zu dem sich vielfältige Wahrnehmungsfilter und Wahrnehmungsfehler gesellen. Das gilt insbesondere für die Arbeitswelt. Arbeit war über alle Epochen hinweg der Impulsgeber für die gesellschaftliche Vorwärtsbewegung. Drei Schritte vorwärts trösten über zwei Schritte rückwärts hinweg. Die Rückschläge in der Menschheitsgeschichte waren immer in einen generellen Fortschrittsprozess eingebettet. Um diesen zu sichern, müssen wir uns als Subjekt dieses Prozesses begreifen und die uns von den Obrigkeitsmächten zugedachte Objektrolle abstreifen. Nur so kann das Wort Zukunft wieder ein Synonym für Wohlbefinden und Hoffnung werden.

Walter Simon

1. Der Mythos vom Sinn der Arbeit
Erst kommt das Fressen, dann die Moral

Nach der Gallup-Studie von 2015 sind nur 16 Prozent der Arbeitnehmer mit Herz, Hand und Verstand bei der Arbeit. Die große Mehrheit macht lediglich Dienst nach Vorschrift. Diese Befunde sind nicht wirklich neu. Schon 1844 stellte Karl Marx fest, dass der Arbeiter seine Tätigkeit nicht bejaht, sondern verneint. „Der Arbeiter fühlt sich daher erst außer der Arbeit bei sich und in der Arbeit außer sich."

Freizeit als Sinnersatz. 120 Jahre später prägt Jürgen Habermas die Begriffe „suspensive" und „kompensatorische Funktion" der Freizeit. Gemeint ist, dass Berufstätige in ihrer Freizeit Aktivitäten entfalten, die ihnen das geben, was ihnen die Berufswelt vorenthält: Erfolge, Freude am Tun, Sinnerfüllung, Selbstbestimmung. Auf der Grundlage empirischer Untersuchungen prägten englische Industriesoziologen den Terminus „instrumentelle Orientierung" der Lohnarbeit. Der Lohn ermöglicht die Befriedigung von Bedürfnissen außerhalb des Jobs. Arbeit ist keine Quelle der Sinnerfüllung. Diese wird außerhalb der Arbeit gesucht.

Was sind die Ursachen für die sichtbar gewordene Sinnabstinenz? Führungskräfte, die nicht motivieren können? Mitarbeiter, die den tieferen Sinn ihrer Tätigkeit nicht erkennen? Oder ein Arbeitssystem, das mit dem Wesen des Menschen unvereinbar ist? Managementberater sehen die Ursachen im Personal und ermahnen die Führungskräfte, Mitarbeitern den tieferen Sinn ihrer Arbeit zu vermitteln. Damit ist mehr als nur der Zweck, Grund oder Spaß bei der Arbeit gemeint. Der passende Sofortkleber hierzu heißt „transformierende Führung".

Hier stellt sich die Frage, inwieweit die sogenannten Leader ihrerseits von der Sinnhaftigkeit des Tuns ihrer Vorgesetzten überzeugt sind. Wer keinen Sinn erkennt, kann keinen Sinn vermitteln. Auch muss gefragt werden, ob von außen herangetragene Sinnstiftung möglich ist. Es sei an die wesentlich stärkeren Impulse einer von innen heraus ausgelösten Motivation im Gegensatz zu einer von außen gelenkten erinnert. Sinnerfüllung ist ein höchst individueller Vorgang, der sich eingebettet im Erfahrungsfundus des Menschen und seines Wertesystems vollzieht. In dieses Persönlichkeitsuniversum von außen einzudringen dürfte schwer fallen.

Sicherer Arbeitsplatz als Sinngeber. Natürlich gibt es viele Arbeiten, die aus sich heraus Sinn stiften, beispielsweise die eines Wissenschaftlers, eines Politikers, Künstlers oder Arztes. Aber das Gros der sozialversicherungspflichtigen Beschäftigten verrichtet tagtäglich das, was man Maloche nennt. Sie arbeiten in einem engen Korsett von Stellen- und Prozessbeschreibungen, von Weisungsrecht des Unternehmers und Treuepflicht des Arbeitnehmers. Viele haben Zeitverträge, arbeiten als Geringverdiener und stocken mit Hartz IV auf, schuften als Dauerpraktikant oder als 450-Euro-Jobber. Sie werden sich ihrer Nutzlosigkeit bewusst, ängstigen sich vor der Zukunft, sind Betroffene dauernder Veränderungen und erleben, wie die wenigen Gewinner den Spieltisch abräumen – während ihnen nur die Reste verbleiben. Diese Menschen fragen nicht nach dem Sinn einer Arbeit, sondern nach einem sicheren Arbeitsplatz.

Glaubt man den Stellenanzeigen der Presse, so vermitteln die angebotenen Arbeitsplätze Sinn, Spaß, Selbstverantwortung, Herausforderungen, nette Kollegen und Chefs. Natürlich gibt es solche Arbeitsplätze. Aber für die Masse der Menschen ist der Job zuallererst Geldverdienen und erst dann Status, Selbstwertgefühl und Gemeinschaft.

Erst kommt das Fressen, dann die Moral, schrieb Berthold Brecht. Die einfache Wahrheit ist: Menschen tauschen Geist, Muskeln und Zeit gegen Geld. Da nützen auch die Sinnpredigten von Trainern und Beratern nichts, die eher das Gegenteil bewirken. Allein Wahrheit wäre sinnstiftend sein. (April 2016)

2. Mittelschicht oder bald schon Unterschicht?

Auf dem Wege in die mitte(l)lose Gesellschaft

Techniker, Ingenieure, Wissenschaftler, kaufmännische Angestellte mit Führungsverantwortung, IT-ler, Beamte oder Freiberufler – sie alle zählen sich zur Mittelschicht. Sie sind weder reich noch arm, weder privilegiert noch unterprivilegiert. Es sind Menschen mit guter Bildung, gutem Einkommen und frei von körperlicher Arbeit. Wer in Deutschland zwischen 2.600 und 5.000 Euro brutto verdient, zählt statistisch zur Mittelschicht. Im Jahre 2000 wurden noch 64 Prozent der Deutschen der Mittelschicht zugeordnet, 2010 nur noch 58. 2025 werden es, so schätze ich, nur noch 40 Prozent sein.

Angst vor dem sozialen Abstieg. Wer sich der Mittelschicht zuordnet, sagt damit indirekt „ich bin gut genug". Doch die gesellschaftliche Mitte muss um ihren Platz fürchten. Sie wird mehr und mehr an den Rand hin zur Schattenseite gedrückt. Wer oben ist, bleibt oben, wer unten ist bleibt unten – die Mitte aber erodiert. Noch nie war die Gefahr des Absturzes und des Prestigeverlustes so groß wie heute. Die Hoffnung des Aufstiegs auf der Sozialleiter weicht der Angst vor dem Abstieg. 1984 empfand nur ein Viertel der Bevölkerung die Sicherung des Lebensstandards als Problem. Heute ängstigt sich die Hälfte vor dem sozialen Niedergang. Man weiß: Abwärts geht es schneller als aufwärts. Statuspanik. Niemand muss sich vor Hunger und Kälte fürchten, wohl aber vor Ausgrenzung. Entwickeln wir uns zur „Republik der Mitte-Losen", wie einmal auf „Spiegel Online" zu lesen war?

Vor zwei Jahrzehnten noch war die Mitte eine stabile gesellschaftliche Gruppe. Eine weltweit diskutierte Studie des französischen Wirtschaftswissenschaftlers Thomas Piketty weist nach, dass die Mittelschicht im vergangenem Jahrzehnt starke Einkommens- und noch stärkere Vermögensverluste hinnehmen musste. Die offizielle Statistik verwendet dafür gerne den Medianwert, wonach jeder deutsche Haushalt über ein Nettovermögen von 51.400 Euro verfügt. Doch dieser Wert wird durch das reichste Prozent deutscher Haushalte verfälscht, welches 32 Prozent des deutschen Gesamtvermögens hält.

Entbehrlich und ersetzbar. Die von liberalen Politikern als „Leistungsträger" betitelten Schichten fühlen sich ebenso benachteiligt wie die soziale „Unterkaste", da letztere vom Steueraufkommen der sozialen Mittelklasse alimentiert wird. Wer um die 50.000 Euro brutto Jahreseinkommen verdient, hat ein hohes Steueraufkommen, aber ohne die fiskalischen Gestaltungsmöglichkeiten, über die die unternehmerische „Oberkaste" verfügt. Dieser Mittelstandsbauch nährt die sozialen Sicherungssysteme. Da wird man leicht anfällig für Wahlparolen wie „Leistung muss sich wieder lohnen", und versucht, sich mit Seinesgleichen sozial abzuschotten. Der Pädagoge Wilhelm Heitmeyer meint: „Wer Angst vor dem Abstieg hat, wer befürchtet, morgen nutzlos zu sein, der wird Schwächere abwerten, um sich damit zu beweisen, dass noch jemand unter ihm auf der Leiter steht."

Als Folge dieser Entwicklung verändert sich auch das klassische Familiengefüge mit der auf den Ehemann zugeschnittenen Ordnung. Er kann nur noch beschränkt seine produktive Hauptrolle wahrnehmen. So wie Normalarbeitsverhältnisse erodieren, so zerbröseln auch Familien- und Lebensbiografien. Die Erosion der Mitte nagt am Familienmodell. Frustration und Resignation machen sich breit. Früher, da war man wer, sei es als Facharbeiter, Angestellter oder als Führungskraft. Heute ist man entbehrlich. Der Chef beklagt den Facharbeitermangel, während er im gleichen Atemzug zum Mitarbeiter sagt: „Wenn es Ihnen hier nicht passt, können Sie ja gehen. Es gibt genug, die gerne ihren Platz einnehmen würden." (November 2015)

3. Digital ohne Personal
Algorithmen und Roboter greifen an

Computer vernichten keine Arbeitsplätze, sondern schaffen neue. Diese Gewißheit tragen wir noch immer mit uns herum. Wie lange noch? Der Angriff der Computer in Form von Robotern auf die menschliche Arbeitskraft hat doch schon längst begonnen. Es begann mit Produktionsrobotern und setzt sich fort mit selbstfahrenden Rasenmähern, Staubsaugern und Autos. In japanischen Restaurants wird Sushi von Robotern gerollt und über Fließbänder serviert. Das „Henn-na Hotel" im japanischen Sasebo wird von humanoiden Robotern betrieben. Wie weit die Entwicklung ist, zeigt die Rückverlagerung der Produktion aus Billiglohnländern in die Hochlohnstaaten. Die Automatisierungseffizienz ist so hoch, dass Indien oder China keinen Kostenvorteil mehr bieten.

Neue Jobs durch neue Technologien? Die deutsche ING-DiBa hat auf methodischer Grundlage einer amerikanischen Großstudie herausgefunden, dass 59 Prozent der von ihr untersuchten Berufe von fortschreitender Technologisierung betroffen sind. Das gilt insbesondere für administrative Tätigkeiten, Hilfsarbeiter, Mechaniker, Maschinenführer und Fahrzeugführer. In Summe sind 6,3 Millionen Arbeitsplätze bedroht. Unsere Arbeitsministerin legt nach: Jeder achte Job sei bedroht, schreibt sie in einem Gastbeitrag der Frankfurt Rundschau. Alles halb so schlimm, meinen wiederum andere. Wegen der neuen Technologien würde ja auch neue Jobs entstehen. So war es früher und so werde es wieder sein. Nein, erwidert Martin Ford, Autor des Buchs „Aufstieg der Roboter" und Gewinner des Financial Times and McKinsey Business Book Awards 2015. Computer würden schon sehr bald routinemäßige und berechenbare Aufgaben besser erfüllen als die derzeit dafür beschäftigten Menschen.

Algorithmen im Vormarsch. Produktionsroboter haben es aber auch auf gutbezahlte und hochqualifizierte Arbeitsplätze abgesehen. Selbst IT-Berufe werden Opfer hochintelligenter Algorithmen. „Software frisst die Welt" meint der Netscape-Gründer Marc Andreessen. Die Software „Stats Monkey" etwa bietet davon einen Vorgeschmack. Sie schreibt komplette Sportberichte aus Rohdaten. Ähnlich dürften die US-Geheimdienste Berichte aus Code-Begriffen abgehörter Telefonate generieren. Wir haben gelernt, dass Computer nur das tun, wofür man sie programmiert hat.

Deep Blue vermittelte uns schon 1996, als er den Schachweltmeister Kasparow besiegte, eine Vorstellung zukünftiger Entwicklungen. Heute bahnen sich lernfähige Algorithmen ihren Weg durch diverse Datenhalden, erkennen Zusammenhänge und entwickeln daraus ihre eigenen Programme. Dank ihrer Fähigkeit, enorme Datenmengen sekundenschnell zu verarbeiten, können sie bei ihren Analysen sogar über den Tellerrand schauen. Mit einem leistungsfähigen Computer auf dem Schreibtisch, astronomischen Datenmengen nebst passender Software in der Cloud werden Manager schon bald risikobehaftete Entscheidungen absichern und ihre diversen Zuträger in den Stäben brotlos machen. Ähnliches droht Sekretariatsmitarbeitern, wenn Google sein patentiertes Korrespondenzsystem auf den Markt bringt. Hier werden E-Mails automatisch auf der Grundlage schon verschickter Schriftstücke geschrieben, und das im üblichen Schreibstil des Absenders.

Der Vorsprung des Menschen vor der Technik schrumpft. Wir stehen an der Schwelle zu einer roboterbasierten Innovationsexplosion. Schon bald werden die Big-Data-Berge von einem selbstlernenden Algorithmus gründlich analysiert. Das spätestens ist der Zeitpunkt, an dem wir das Schaltprogramm von Arbeit, Wirtschaft und Gesellschaft grundlegend überdenken müssen. (Juli 2016)

4. Facebook kennt dich besser als dein Chef
Social Media und die Folgen

Facebook, Xing und andere Akteure der Social Media Szene sind dabei, die Menschheit zu verknüpfen. So zählt allein Facebook über 1,4 Milliarden aktive Nutzer im Monat. Diese füllen die Datenhalden mit vielseitig nutzbaren Informationen.

Nachdem Marketing, Medizin, Kriminalistik und Sozialwissenschaft Big Data in ihre Dienste genommen haben, lag es nahe, dass sich auch das Personalwesen an der Datenschöpfung auf den neuen Datenhalden beteiligt. Hier schlummern neue Renditemöglichkeiten zur Nutzung des Humankapitals.

Bewerberauswahl mit Facebook. Personalsuche und Personalauswahl sind die bevorzugte Domäne für Big-Data-Anwendungen. Der Bewerber weiß nicht, dass es, ergänzend zu seinem Lebenslauf, einen zweiten gibt, der mittels Facebook, LinkedIn und diversen anderen Datenbanken geschrieben wurde. Die über ihn vorliegenden Daten sind eine Art Lügendetektor im Auswahlverfahren. Mit jedem Click bei Facebook oder Google werden Persönlichkeitsdaten generiert, in riesigen Datenminen eingelagert, korreliert und über Netzwerke verfügbar gemacht. Diese werden eingesetzt, um mit Hilfe von Mathematik und Algorithmen eine treffsichere Personalauswahl zu bekommen. Nicht die vom Bewerber gesetzten Kreuze im Test ergeben das Persönlichkeitsprofil, sondern seine Spuren im Internet. Der Algorithmus, und mit ihm Mathematiker, Informatiker und Statistiker, verdrängen Psychologen und Soziologen.

Auch in Deutschland ist es mittlerweile Praxis, Bewerber per Internet zu durchleuchten. Mit Google Street View wird das Haus in Augenschein genommen. Der ungepflegte Vorgarten oder die herunterhängenden Vorhänge gehen in die Meinungsbildung über den Bewerber ein. Personaler interessieren sich nicht nur für Individuen, sondern ebenso für statistische Gruppen und Korrelationen. Gerade die sind das Interessante an Big Data.

Segen und Fluch von Datenkorrelationen. Man kann Millionen von Daten in Beziehung setzen und erfährt zum Beispiel, dass neugierige Menschen eher und mehr Adjektive benutzen als weniger interessierte. Schlussfolgerung: Der Adjektive nutzende Bewerber ist ein neugieriger Typ, könnte sich somit also für den Vertrieb eignen. Korrelationen zeigen auch, dass schnell sprechende Individuen ein gewisses Depressionsrisiko in sich bergen. Noch tiefergehende Informationsmöglichkeiten ergeben sich in einigen Jahren in Kombination mit der biometrischen Gesichtserkennung.

Hat ein Bewerber das Datenscreening bis hin zum Arbeitsvertrag überstanden, heftet sich Big Brother unter Zuhilfenahme von Big Data an seine Fersen. Betriebsausweise mit Funkchips oder einfach nur das Handy ermöglichen Bewegungsprofile, wie sie in den Verteilerzentren von Amazon gängige Praxis sind. Zu „Trainingszwecken" aufgezeichnete Telefongespräche mit Kunden, die hinsichtlich Wortwahl, Sprechgeschwindigkeit, Tonlage und Antwortgeschwindigkeit in Sekundenschnelle vom Computer ausgewertet werden, ermöglichen neuartige Persönlichkeitsprofile.

Datenanalyse statt Persönlichkeitstest. Verben, Adjektive und Pronomen werden zunehmend bestimmten Persönlichkeitseigenschaften zugeordnet und codiert. So kann man aus der Analyse der E-Mails in Torten- oder Säulendiagramme gegossene Persönlichkeitsprofile generieren. Das 360°-Feedback wird algorithmisch unterfüttert oder ersetzt. Nicht der Gesprächsinhalt wird analysiert, sondern codierbare Kommunikationselemente.

Computer können mehr Informationen verarbeiten als Menschen und sie mit Algorithmen analysieren. Was messbar ist, ist glaubwürdiger als die Interpretationen von Personalentscheidern. Der Personalchef achtet auf Einzelheiten und ist Opfer von Beobachtungsfehlern wie dem ersten Eindruck. .

Aber nicht nur Personalchefs interessieren sich für Facebook-Daten. Die Schufa wollte Facebook als zusätzliche Datenquelle für die Bonitätsbewertung nutzen. Auch der Facebook-Freundeskreis eines Kreditnachfragers oder Mobilfunkinteressenten geht zukünftig in die Darlehnsbewertung ein. Steuerfahnder, Strafverfolger und Scheidungsanwälte stöbern in Facebook nach verwertbaren Informationen. Krankenkassen wundern sich über die frischen und fröhlichen Fotos eines Mitglieds, das seit drei Monaten an Depressionen erkrankt sein will. Eine irgendwo in der Welt gesuchte Person könnte per Gesichtserkennung in Facebook ausfindig gemacht werden.

Wer versucht, sich aus dem Netz herauszuhalten, wird trotzdem erfasst. Es reicht, jemanden zu kennen, der ein Facebook-Konto hat. Es reicht, dass die Freunde Adressbücher in das Netzwerk hochladen. Der digitale Freundeskreis des Kontoinhabers ermöglicht Aussagen über die Freunde.

Viele Facebook-Apps lesen die E-Mail-Adresse und seiner Freunde aus, um sehr private Dinge zu erfahren. Das Internet macht mehr Informationen über einen Menschen und sein soziales Umfeld verfügbar. Je mehr man von sich preisgibt, desto mehr können sich die Dienste ein Bild über den Betreffenden machen.

Grundrechte in Gefahr. Die Verarbeitung datenbezogener Daten berührt menschliche Grundrechte. Aber Technikdrang und Wettbewerb sorgen dafür, dass die Würde des Menschen neu definiert werden muss. Während Georg Orwells „Big Brother" die Gesellschaft in ein Gefängnis verwandelte, begeben wir uns mit Big Data in eine Falle, aus der wir nicht mehr herauskommen, meinte Frank Schirrmacher zur Zukunft der binären 0:1-Gesellschaft. Vorerst besteht kein Grund zur Panik, denn deutschen Unternehmen mangelt es noch an qualifizierten Big-Data-Analysten. (Januar 2016)

Walter Simon

VOLKSVERDUMMUNG

Coaching
Persönlichkeitstests
Motivation
Selbstmanagement
Zeitmanagement
Positives Denken
Glück

NLP
Gurus
Verkauf
Rhetorik
Psycho...
Neuro...
Karriere
Erfolg

STATT
PERSÖNLICHKEITS-
ENTWICKLUNG

*Training und Coaching
unter der Lupe*

5. Wenn das Unwahrscheinliche eintritt
...oder Prognosen versagen

Auf Deutschland rollt eine Riesenwelle von mindestens 800.000 Flüchtlingen zu. Von manchen wird dieses Phänomen schon als neue Völkerwanderung bezeichnet. Noch zu Jahresbeginn hatte niemand eine Vorstellung von dem, was wir jetzt gerade erleben. Die Gegenwart hat eine sogenannte Wild Card, einen Joker aus dem Ärmel gezogen und bringt die bisher wirksamen Trends und gesellschaftlichen Zukunftsstrategien durcheinander. Es ist etwas passiert, mit dem niemand gerechnet hat. Man fühlt sich an den 11. September 2001, an Fukushima oder den Zusammenbruch des sozialistischen Weltsystems erinnert. Vorwissen nützt nichts. Es ist fast unmöglich, eine Bewertung solcher (Un-)Wahrscheinlichkeiten vornehmen. Mathematische Formeln helfen auch nicht weiter, denn bei der Abschätzung, mit welcher Wahrscheinlichkeit ein unwahrscheinliches Extremereignis eintritt, versagen alle Rechenkünste und Regeln. Da es sie noch nicht gab, existiert keine Systematik für ihr Handling. Anleihen an die traditionelle Risikoforschung helfen auch nicht weiter.

Wie unwahrscheinlich ist das Unwahrscheinliche? Die Wahrscheinlichkeit für das Eintreten des Unwahrscheinlichen ist sehr gering, aber wir wissen nicht, wie unwahrscheinlich sie ist. Wir müssen zumindest die Möglichkeit eines fundamentalen Blitzereignisses im Bewusstsein haben. Tritt das Ereignis ein, hat es Folgen bis in die Strukturen von Politik, Wirtschaft und Gesellschaft hinein. Solche gravierenden Fundamentalereignisse haben einen evolutionären Vorlauf verschiedener Ereignisketten. Darum ist es schwer, eine klare Trennlinie zwischen Ereignis und Prozess zu ziehen. Das letzte große Blitzereignis begann mit dem terroristischen Anschlag auf die Twin Towers in New York, der in den Lügenkrieg im Irak mündete und die ganze nahöstliche Region destabilisierte.

Im Anschluss wird auch die Vergangenheit aus der Sicht des unerwarteten Ereignisses umgeschrieben. Neue Denkschablonen bilden sich in den Köpfen der Menschen. Begriffe werden popularisiert oder neue entstehen, beispielsweise Begriffe Twin-Towers, Bankenkasino, Tsunami oder Al-Khaida.

Plötzliche und unerwartete Ereignisse werden unterschiedlich bewertet. Für eine Ehefrau ist der Treuebruch des Ehemannes ein überraschendes Störereignis, für die Mitarbeiter eines Unternehmens dessen Insolvenz und für den Finanzminister die Bankenkrise. Als Folge globaler Vernetzung, bei der das Eine auf das Andere mit ungeheurer Dynamik wirkt, ist es unmöglich, Wild Cards abzuschätzen. Wie will man Risiken, die man noch gar nicht kennt, geschweige denn erahnt, abschätzen? Wer erkennt, dass ein fundamentales Einflussereignis naht? Die schwachen Hinweissignale sind noch nicht wahrnehmbar oder werden von sogenannten Hintergrundgeräuschen, die stärker sind, verdeckt. Kann man Prognosen wagen? Selbst wenn man sie wagt, wäre die Vorwarnzeit zu kurz. Allein auf das Chaos ist Verlass.

Was sich früher in irgendeinem entfernten Winkel der Welt ereignete, wirkt infolge globaler Vernetzung, Abhängigkeiten und Rückwirkungen weltweit. Die Völkerwanderung aus dem Nahen Osten ist systemtheoretisch gesprochen eine Bifurkation, eine Verzweigung demographischer Strukturen mit weitreichenden Folgen. Bifurkationen haben die Eigenschaft, andere Zustände hervorzubringen als jene, die geplant sind.

Da Wild Cards präzedenzlos sind, existiert keine Systematik für ihr Handling. Anleihen an die traditionelle Risikoforschung könnten darum zweckmäßig sein. Hier steht ein breites Spektrum an Methoden und Werkzeugen zur Verfügung. Zu nennen wären Methoden wie die Szenarioanalyse oder die Technikfolgenabschätzung. (September 2015)

6. 3D-Drucker als Zukunftsgestalter
Vom Konsumenten zum Prosumenten

3D-Drucker lassen sich überall dort nutzen, wo sich Menschen oder Unternehmen in eine Infrastruktur des Internets der Dinge einklinken können. So ist es denkbar, dass 3D-Drucker für den Hausgebrauch Gegenstände wie beispielsweise eine Schachfigur gießen oder fräsen. Der Verbraucher, sprich der Konsument, wird – um es mit dem Begriff des US-amerikanischen Futurologen Alvin Toffler zu sagen – zum Prosumenten. Das heißt er konsumiert und produziert gleichermaßen.

Bei einfacheren Druckern für den Hausgebrauch werden Pulver, Kunstharze oder flüssige Materialien Schicht für Schicht aufgetragen. Bei industrietauglichen Geräten kommen auch Zement, Metalle, Glas oder Keramik zum Einsatz. Im Vergleich zu einer etwa hochproduktiven Spritzgussmaschine arbeitet ein 3D-Drucker aber sehr langsam. Auch die Produktionskosten sind noch hoch. Dafür entfallen der Zusammenbau und die Lagerhaltung. Müssen in einigen Branchen Ersatzteile noch über 30 Jahre vorgehalten werden, machen die neuen Drucker die Lagerhaltung überflüssig. Selbst wenn es den Lieferanten nicht mehr geben sollte, bleibt die Software in der Regel verfügbar.

Mit 3D-Druckern lassen sich Kleinstserien realisieren sowie komplizierte Geometrien ohne Werkzeugformen herstellen, wie etwa eine Honigwabenstruktur oder Hohlräume. Die Produktionsumgebung muss dabei kaum verändert werden. Ein intelligenter 3D-Drucker ist so konstruiert, dass er seine Ersatzteile selbst herstellt. Dank einer großen Flexibilität lassen sich die Gesamtkosten unter dem Strich senken.

Veränderung industrieller Grenzen. In den kommenden Jahren werden sich 3D-Druckereien oder so genannte „Printer Farms" etablieren, die alle nur denkbaren Produkte „drucken" können. Industrielle Grenzen verwischen. Zugleich geht das Know-how des Fräsers, Erodierers oder Drehers als Algorithmus in das Software-Programm der neuen Print-Maschinen ein. Formgebende Handwerks- und Industrieberufe verlieren ihre Grundlage. Denn: Dem Bediener am Drucker ist es egal, welche Daten wo eingegeben wurden. Er bedient den Drucker und entnimmt ihm den fertigen Gegenstand.

3D-Drucker tragen in Verbindung mit dem Internet der Dinge dazu bei, die Industriegesellschaft zu unterminieren. Ein neues Geschäftsfeld entsteht – das der Plattformanbieter. Auf 3D-Plattformen können Anwendungsprogramme auf einheitlicher Basis ausgeführt und entwickelt werden. Hier können Produzenten produzieren und kommunizieren. Die IT-nahen Unternehmen, die diese Plattformen entwickeln, werden das digitale Wertschöpfungsnetzwerk steuern, mit Druckerkapazitäten handeln, Millionen von Informationen aus Big Data sammeln, verkaufen und Aufträge an Partnerunternehmen vermakeln. Der US-Management-Experte Richard D'Aveni schreibt: „In kürzester Zeit wird die Macht von den Produzenten zu den großen Systemanbietern wandern."

Noch ist vieles nicht möglich. Bei aller Euphorie gilt es aber zu bedenken: Der 3D-Druck eignet sich für die Herstellung von Einfachteilen resp. Produktkomponenten. Der Druck eines Autos mit rund 10.000 Einzelteilen ist nur schwer vorstellbar. Hier muss immer noch gelötet oder geschraubt werden, was 3D-Drucker (noch) nicht leisten können. Auch die Einschränkungen beim Material, der Oberfläche oder der Farbe zwingen zu einer realistischen Sicht auf die 3D-Möglichkeiten. Ganz zu schweigen von der Produkthaftung. Denn wer haftet beispielsweise für Pkw-Ersatzteile: Der Autobauer oder die Fachwerkstatt, die mit einem 3D-Drucker ausgestattet wurde? Aber auch hier ist mit ähnlich großen Entwicklungsschritten zu rechnen, wie wir sie in den letzten Jahrzehnten im Bereich der Informations- und Kommunikationstechnologie erlebt haben. (Oktober 2015)

7. Alles Neuro, oder was?

Vorsicht vor ‚Neuroxperten'

Neuro-Offerten wie Neuro-Training, Neuro-Coaching oder Neuro-Leadership überschwemmen den Weiterbildungsmarkt. Die „Neuroxperten" wissen, wie man gehirngerecht führt, coacht und arbeitet. Damit sind sie wesentlich weiter als der langjährige Direktor des Max-Planck-Instituts für Hirnforschung, Wolfgang Singer, der als Folge des enormen Wissensfortschritts seiner Disziplin zugibt: „Heute weiß ich weniger über das Gehirn, als ich vor 20 Jahren zu wissen glaubte." Je mehr er und seine Kollegen herausfanden, um so komplexer und komplizierter erschienen die Zusammenhänge.

Das Eingeständnis des Nichtwissens hindert unsere Glücks-, Erfolgs- und Persönlichkeitstrainer nicht, auf den Neuro-Zug aufzuspringen und in das Horn des „Neuro-Blabla" zu stoßen. Vor einigen Jahren noch dozierten sie mit pseudo-gelehrigem Gestus über die Arbeitsteilung zwischen der linken und der rechten Hirnhälfte. Heute schwafeln sie über das limbische System, Hirnphysiologie, den präfrontalen Cortex und über Hirnareale, so als wäre die neurologische Abteilung einer Universitätsklinik ihr Arbeitsplatz. Der neueste Gag lautet: Wer seine Hirnhälften nicht ausgleiche und die Nervenbrücke dazwischen nicht richtig pflege, der sei eben bloß „Gehirnbesitzer", der vom „Gehirnbenutzer" abgehängt werde.

Ein Neuro-Popstar. Gesellschaftliche Milieus bringen fast zwangsläufig den zur Situation passenden Propheten hervor. Im Neuro-Hype unserer Tage ist es ein gewisser Gerald Hüther, der den Menschen die neue ‚Königsdisziplin der Wissenschaft' erklärt. Dort, wo die pädagogische Wissenschaft und die 752 000 deutschen Lehrer nicht mehr weiterwissen, bietet er seine neuropädagogische Kompetenz an. Eltern jubeln, wenn er in seinen gut besuchten Veranstaltungen ausruft „*Jedes Kind ist hochbegabt*".

Das beruhigt Vater und Mutter lernschwacher Kinder und bestärkt sie in ihrer Absicht, das Kind gegen den Rat des Lehrers für das Gymnasium anzumelden.

Wahrscheinlich ist die Neuro-Pädagogik gar nicht sein Forschungsthema, sondern nur Gegenstand einiger Schriften und Vortragsshows. In Fachkreisen kennt man ihn als Neuro-Chemiker, der sich mit der Wirkung des Botenstoffes Serotonin auf Ratten beschäftigt hat. Wissenschaftlich relevante neurowissenschaftliche Publikationen in seriösen Fachzeitschriften zu den Themen Schule, Bildung oder Pädagogik sucht man vergeblich. Aber auch sonst ist er als neurologisch orientierter Erziehungswissenschaftler kaum aktiv. Mehrfach haben Fachleute und selbst Neurowissenschaftler gegen Hüthers vereinfachte Sicht der Dinge protestiert. Ob vereinfacht oder nicht, wer es einmal in das Scheinwerferlicht eines TV-Senders schaffte, für den interessieren sich auch andere Medienanstalten.

Martin Spiewak schreibt in der ‚ZEIT': *„Genau genommen kommt die Hirnforschung in Hüthers Vorträgen kaum noch vor."* Muss auch nicht, denn Begriffe wie ‚präfrontaler Kortex', oder ‚neuroplastische Botenstoffe' reichen bei Laien aus, um sie zu beeindrucken und Kompetenz nachzuweisen

Neuro" klingt nach neu. Die Vorsilbe „Neuro" wird heute inflationär genutzt. Neurowissenschaftliche Begriffe ersetzen die bekannte psychologische Nomenklatur. Was sich früher Führungspsychologie nannte, wird heute als Neuro-Leadership tituliert. Neu(ro) klingt neu, obwohl es sich oftmals nur um alten Wein in neuen Schläuchen handelt. In Prospekten werden Betriebswirte und Informatiker als „Gehirnwissenschaftler" ausgewiesen, die ihren Seminarteilnehmern zeigen, wie sie Befunde der Gehirnforschung – hier vor allem die sogenannte neurologische Plastizität – auf die Mitarbeiterführung oder Selbstführung übertragen.

Während seriöse Hirnforscher die für den Erkenntnisfortschritt notwendige Arbeit im Stillen, oft an Ratten und Mäusen verrichten, setzen die Neuro-Medikaster der Human-Resources-Szene lautstark zu umfassenden neurobasierten Welterklärungen an. Dabei verkennen oder verschweigen sie, dass es die eine Neurowissenschaft gar nicht gibt. Wir haben es, ähnlich wie bei der Nano-Technik, mit einer Vielzahl von Einzeldisziplinen beziehungsweise Forschungsfeldern zu tun. Doch je mehr Neuro-Disziplinen entstehen, um so „neurotischer" wird die Situation. Der amerikanische Psychologe Stephen J. Morse warnt vor diesem „Hirnüberschätzungssyndrom". Ich meine, etwas mehr Demut würde der außeruniversitären Neuro-Society gut anstehen.

„Wir wissen nicht, was wir nicht wissen". Morses Empfehlungen sollte man allen in der Pädagogik Tätigen, insbesondere Trainern und Coachs, ins Stammbuch schreiben, denn es gibt keine neuro-pädagogischen Erkenntnisse, die nicht schon längst bekannt sind. Außerdem: Denkvorgänge und Handlungen bewirken eine Änderung des Sauerstoffgehalts im Gehirn, die als Neuro-Aktivität in Computertomographien sichtbar wird. Daraus aber eine Ursache-Wirkungskette mit Übungs- und Handlungsempfehlungen abzuleiten und zu behaupten, dies stimuliere Persönlichkeitsveränderungen als Folge der Neuro-Plastizität, ist Humbug. Das gilt solange, wie selbst Hirnforscher nicht einmal genau wissen, was sie erforschen. Michael Pauen, Philosoph und Professor an der Humboldt-Universität Berlin, bekennt: „Wir wissen nicht, was wir nicht wissen."

Führungstrainer und Coachs, die mit Begriffen wie Persönlichkeitsentwicklung und Verhaltensänderung in Verbindung mit den Neurowissenschaften herumschwadronieren, bewegen sich nicht selten am Rande der Scharlatanerie. Personalentwickler, die für diese Themen Geld ausgeben, sollten gründlich nachfragen, was genau entwickelt und verändert werden soll, und mit welcher nachhaltigen Wirkung. (Juli 2015)

Walter Simon

ABSCHIED VON DER NORMAL**ARBEIT**

Empfohlen
von der
Qualitätsgemeinschaft
Internationaler
Wirtschaftstrainer
und –berater e.V.

STELLENMARKT

Berufswelt und
Arbeitsplatz im **UM BRUCH**

8. Neuer Anti-Kapitalismus
Vom Kapitalismus 2.0 zu 3.0

In Paris formiert sich mit „Nuit debout" („Die Aufrechten der Nacht") eine neue antikapitalistische Bewegung. Beim Besuch des amerikanischen Präsidenten in Hannover demonstrierten 35.000 Menschen gegen das geplante Freihandelsabkommen zwischen den USA und der EU, TTIP. In London gingen 80.000 Menschen für „höhere Löhne" und gegen „superreiche Parasiten" auf die Straße. Antikapitalistische Demonstrationen finden fast schon regelmäßig in allen großen europäischen Hauptstädten statt. Es sind vor allem gebildete Jugendliche, die ihre Zukunftssorgen artikulieren. Aber selbst aus dem europaweiten Rechtsblock kommen antikapitalistische Töne. Erleben wir ein Rollback zurück zu den Zeiten des antikapitalistischen Aufbegehrens?

Der wieder hoffähige Antikapitalismus. Nach der Implosion des sozialistischen Weltsystems war es nicht mehr opportun, in marxistischen Kategorien zu denken oder zu schreiben. Der Kapitalismus stand als das Nonplusultra auf dem historischen Siegertreppchen. Das „Ende der Geschichte", so der amerikanische Politologe Francis Fukuyama, war erreicht.

Aber nach dem Ende ist vor dem Ende. Seit 1990 etwa geht die ökonomische Rotationsstabilität verloren. Dafür sorgen die Globalisierung, die Informations- und Kommunikationstechnologie und der ungezügelte Finanzkapitalismus, der mit der Bankenkrise 2008/2009 seinen vorläufigen Höhepunkt fand. Während Investmentbanker weiterhin ihre Turbo-Boni kassieren, werden Sozialhilfeempfänger und prekär Beschäftigte mit Brotkrummen abgespeist. 2011 demonstrierten erstmals Menschen in der Wall Street und 2015 vor der Europäischen Zentralbank gegen den Zockerkapitalismus. Journalisten klatschten Beifall, Politiker zeigten Verständnis. Antikapitalismus wird wieder hoffähig. In diesem Sud keimt eine neue gesellschaftskritische Bewegung jenseits der geschwundenen Arbeiterklasse. Zu den Engagierten gehören Intellektuelle, Kulturschaffende, Sozialaktivisten, Gewerkschafter, die an den Rand gedrückte Mitte und vor allem Studenten.

Ein neues Überzeugungsmodell ist notwendig. Der Kapitalismus ist gezwungen sich neu zu legitimieren, so wie schon einmal, als Teamwork zur Einzelarbeit trat, Selbstkontrolle Fremdkontrolle ergänzte und Hierarchien durch Netzwerke aufgeweicht wurden. Die französischen Soziologen Boltanski und Chiapello sprachen 2003 in ihrer Großstudie vom „Neuen Geist des Kapitalismus". Die Blaupause für dieses neue Denken stammte unter anderem von den Vordenkern modernen Managements wie Peter F. Drucker, Robert Blake und Alvin Toffler.

Sie zeigen, wie Forderungen der 1968er-Bewegung Teil des neuen Geistes wurden. Dieser Prozess hat knapp 25 Jahre gedauert und wirkte überwiegend auf die der persönlichen Führung übergeordnete Unternehmensführung. Dem lag eine Defensivstrategie zugrunde. Der Kapitalismus musste sich besonders in Südeuropa neu legitimieren, um die Gefolgschaft der Menschen aufrecht zu erhalten.

Der „Geist des Kapitalismus 2.0", moderne Fabriken, bunte Büros, nette Vorgesetzte und flexible Arbeitszeiten, vermochten aber nichts gegen dessen Fehlentwicklungen auszurichten. Die Menschen, die ihn durch ihre Arbeit überhaupt erst realisieren, kündigen die geistige Gefolgschaft. Ein neues und besseres Überzeugungsmodell für unser Wirtschaftssystem ist vonnöten. Die dynamische Entwicklung von Wirtschaft und Gesellschaft den Kapitalismus in den kommenden Jahren zwingt, sich im Interesse seines Überlebens immer wieder neu zu häuten und sein Human Resources Management entsprechend „nachzuölen". Er braucht gesamtgesellschaftliche Akzeptanz, vor allem das mentale OK der werte- und wissensproduzierenden Akteure der Digitalgesellschaft. Auf der Tagesordnung steht der Kapitalismus 3.0. (Mai 2016)

9. Griff nach der Seele
Psychohumbug am laufenden Band

In der frühen Industriegesellschaft spielte muskelbasierte Arbeitskraft die wichtigste Rolle. Später trat die Intelligenz an ihre Seite. In der wissensbasierten Wirtschaft wird sie durch Wissen, Kreativität und Eigenverantwortung ergänzt. Die von der Industriegesellschaft gezogenen Grenzen von Arbeit und Freizeit, von Beruf und Hobby, zerbröseln. Nicht mehr nur Hände und Hirn, sondern der ganze Mitarbeiter soll sich als Mensch in die Arbeit einbringen. Individualität wird nicht mehr als Störfaktor gesehen, sondern soll als Stimulus für die noch ungenutzten Leistungspotenziale in Herz, Seele und Verstand genutzt werden.

Das reicht vielen Unternehmensberatern nicht. Sie erklären unverblümt, dass auch spirituelle Tiefenerfahrungen im Arbeitsalltag produktiv nutzbar zu machen sind. Aus einer auf spirituelles Management spezialisierten Beratergruppe ist zu hören: „Bleibt sie (die Spiritualität) Privatsache, wird nicht das ganze Potenzial der Person abgerufen". Eine Managementberaterin betont die Wichtigkeit, „die volle Bandbreite menschlicher Potenziale im Business zu nutzen". Darum müssen Unternehmen „auch aus ... der spirituellen Intelligenz schöpfen". Arbeit- und Freizeitwelt sollen via Spiritualität produktiv noch intensiver zusammenwachsen. Das war vielleicht auch der Grund, warum die Wirtschaftsförderung meines Heimatkreises unlängst eine Wanderung auf dem Jakobsweg anbot, exklusiv für Unternehmer. Vielleicht hat es den Geist der Teilnehmer ‚gereinigt' die Profitabilität ihrer Unternehmen gefördert.

Psychorezepte für Leistung und Glück. Wenn Motivation und Teamwork nicht die erhoffte Wirkung zeigen, liegt es nahe, neue Quellen anzuzapfen. Tiefenbohrungen in die Spiritualität könnten Ertrag bringen, vor allem im Mix mit anderen Psycho-Rezepturen wie positives Denken, Zielsetzung oder NLP-Zustandsmanagement. Auch die Happyologie (Mood-Management) ist in diesem Zusammenhang zu nennen, denn Spiritualität ist ein Vehikel hin zum Glück und glückliche Mitarbeiter sind produktiver als Alltagsmenschen. Spiritualität steigert die Anpassung an das betriebliche Hierarchiegefüge, da sie das Oppositionelle im Menschen dämpft. Mit der geistigen Verbindung zum Transzendenten, dem Jenseits oder der Unendlichkeit erkennt man den tieferen, übergeordneten Sinn aller Dinge. So wird der Interessenswiderspruch zwischen Arbeitnehmer und Unternehmer mit dem Hinweis, beide seinen „Geschöpfe Gottes", im Handumdrehen auf eine scheinbar höhere Ebene verlagert.

Spiritualität als Geschäftsfeld. Trainer und Coachs forcieren Spiritualität. Ein neues Geschäftsfeld entsteht. In den Weiterbildungsabteilungen von Unternehmen trifft man auf Gleichgesinnte, die den spirituellen „Seelsorgern" und „Predigern", den esoterisch angehauchten Beratern, Coachs und Trainern Tür und Tor öffnen. Manche PE-Abteilungen sind wahre Biotope für esoterischen Psycho-Humbug und spirituellen Firlefanz. Vor einigen Jahren hörte ich Schreie aus dem Seminarraum eines Hotels, in dem ich zeitgleich trainierte. Der Sinn: Mittels Urschrei wurden Ressourcen für das Tagesgeschäft geweckt. Natürlich machten alle mit, denn der Trainer war schließlich Diplom-Psychologe.

Wir sind Zeugen der Abkehr von Wissenschaftlichkeit und Vernunft und erleben den Griff nach der Seele. Sie soll den Anforderungen des Marktes entsprechend gestaltet werden. In der PE-Zunft sind Leute am Werk, die das Rollback der Aufklärung betreiben. Vielleicht hat es sich bis in diese Kreise noch nicht herumgesprochen, dass wir den gesellschaftlichen Fortschritt, eingedenk aller Probleme, die damit verbunden sind, der Vernunft, Aufklärung und Wissenschaft verdanken. Zum Glück fehlt Geschäftsführern und Vorständen in Unternehmen die Sachkenntnis oder das Interesse, sich intensiver mit dem zu beschäftigen, was ihre PE-ler alles so ausbrüten. Sie müssten sonst die kontraproduktive Nutzung von Ressourcen feststellen (Mai 2015).

10. Industrie 4.0 und die Folgen
Produktion von Geisterhand

Industrie 1.0 war das Zeitalter der industriell genutzten Dampfkraft. Industrie 2.0 war die Folge eines Geistesblitzes Henry Fords, der Einzelarbeitsplätze durch das Fließband ersetzte. Industrie 3.0 wiederum beruht auf Maschinen mit programmierbaren Steuerungen. Und Industrie 4.0 darf man sich so vorstellen:

In fast menschenleeren Fabrikhallen liefern Fahrroboter, wie von Geisterhand gesteuert, Rohlinge, Halb- oder Fertigprodukte an Fertigungsanlagen und Abfüllstationen oder holen Fertigprodukte dort ab. Die zu erledigenden Arbeitsschritte wurden nicht in die Maschine einprogrammiert, sondern kommen von dem Werkstück, das bearbeitet werden soll. Dieser Rohling ist „IT-intelligent". Das sich bisher passiv verhaltende Material bekommt eine aktive Rolle. Der Kunde kann den Produktionsstand seines Auftrags online kontrollieren und sich beruhigt zurücklehnen. Die Produktionsdaten gehen automatisch an die Tablets oder Smartphones der Mitarbeiter einschließlich der LKW-Fahrer, damit diese entsprechend disponieren können.

Mitdenkende Maschinen. Natürlich „denkt" die Maschine mit, gleicht den Auftrag mit dem noch vorhandenen Material ab und gibt Order an das jeweilige Transportsystem, Nachschub beizubringen. Tritt ein Problem auf, beispielsweise der Ausfall eines Fertigungsroboters, ergeht Meldung an das Werkstück, das sich nun automatisch eine andere Fertigungsstation sucht, soweit diese verfügbar ist. Ist das Fertigungsmodul nicht „ansprechbar", prüft das „intelligente" Produkt, ob gegebenenfalls der übernächste Produktionsschritt vorgezogen werden könnte. Das war und ist heute noch Sache der Fertigungsplanung. Im 4.0-Zeitalter entscheidet dies der eingebettete Mikroprozessor im sekundenschnellen Austausch mit diversen anderen Mikroprozessoren in Robotern, Transportsystemen, Tablets, mit allen Elementen, die zum Cyber Physical System des Produkts beziehungsweise der Fertigungsstätte gehören.

Die Folgen für uns Menschen? Die vierte industrielle Revolution nimmt Fahrt auf. Wenn die Schätzungen zutreffen, erwartet uns infolge des gewaltigen Produktivitätsfortschritts ein Personalabbau von etwa 30 Prozent. Das impliziert einen weiteren Rückgang der in der Industrie beschäftigten Menschen. Von 1991 bis 2007 fiel dieser Anteil in Deutschland von 29 auf 20 Prozent und wird Schätzungen zufolge bis 2020 nochmals um fünf Prozentpunkte sinken – ohne Berücksichtigung der aus der Industrie 4.0 resultierenden Zusatzeffekte. Arbeitsministerin Nahles schreibt in einem Gastbeitrag der Frankfurt Rundschau, dass jeder achte Job bedroht sei. Gleichwohl wird – oder könnte – der Anteil wissensbasierter Tätigkeiten in der Industrie zunehmen: in F&E, Konstruktion, Marketing, Personal und Rechnungswesen.

Fast zeitgleich mit dem Beginn der Diskussion um das Industrie-4.0-Szenario gaben zwei renommierte Arbeitsmarktforscher des Massachusetts Institute of Technology (MIT), Andrew McAfee und Erik Brynjolfsson, ihre Untersuchungsergebnisse über den Zusammenhang von Digitalisierung und Arbeitsabbau bekannt. Sie kamen zu dem Ergebnis, dass die digitale Revolution mehr Jobs vernichten werde als neue schaffen könne. Die Ökonomen warnten vor tektonischen Verschiebungen in der Arbeitswelt.

Natürlich wissen die MIT-Forscher, dass die digitale Revolution auch neue Arbeitsplätze schafft. Aber was, wenn auch die neugeschaffene Arbeit größtenteils informatisiert und automatisiert verrichtet wird? Viele IT-basierte Tätigkeiten basieren im Endeffekt auf Algorithmen. Je nach dem Grad ihrer Strukturierung können solche Jobs auch von einer Maschine erledigt werden. Die Liste der Tätigkeiten, in denen Maschinen besser sind als Menschen, wird immer länger. Der Kampf Mensch gegen Technik könnte zugunsten der Technik entschieden werden. (April 2015)

11. Schnell, schneller, am schnellsten
Zeitmanagement als Placebo

In den 1980er- und 1990er-Jahren hatte das Thema Zeitmanagement Hochkonjunktur. Top-Managern legte man gut klingende Bonmots in den Mund, wie etwa dem ehemaligen RTL-Chef Helmut Thoma: „Vieles erledigt sich von selbst, wenn man wartet". Zeitmanagement war im Trend, wurde aber im Laufe der Zeit wieder zu den Akten gelegt oder Bestandteil von Work-Life-Balance-Angeboten. In Verbindung mit dem Qualitätsmanagement-Hype setzte die Welle der Prozessoptimierungen ein. Im Mittelpunkt stand das Interesse nach Beschleunigung durch eine Verkürzung von Rüst- und Durchlaufzeiten, Vermeidung von Doppel- und Nacharbeit, Reduzierung von Lagerzeiten und Transportwegen. Just-in-Time lautete die Maxime. Nach 2005 wurde das Thema nochmals aktuell. Die exorbitante Beschleunigung in Technik, Wirtschaft und Gesellschaft erforderte Rezepte gegen die Folgen auf Leib und Seele. Doch angeboten wurde alter Wein in neuen Schläuchen.

Zeitnot durch Zeitgewinne. Es scheint keinen Wirkstoff gegen die Zeitkrankheit zu geben. Das zeigt sich auch im Begriff „Entschleunigung", der als Alternative zum Zeitmanagement angeboten wird. „Go slow beim Coffee to go", lautete die Empfehlung. Doch die Entschleunigungspille erwies sich als Placebo, denn Zeitknappheit ist die Folge von Zeitgewinnen dank enormer Fortschritte in Wissenschaft und Technik. Das Internet ist die Turbokraft, die den Lebens- und Wirtschaftsprozeß beschleunigt. Es verkürzt den „Time-to-market-Prozess" und setzt so den Rhythmus unserer Wirtschaft unter Geschwindigkeitsdruck. Inzwischen frisst nicht mehr der Große den Kleinen, sondern der Schnelle den Langsamen. Alles, was dauert, dauert zu lange. Daran ändern auch künstliche Entschleunigungsoasen wie Yogakurse, Klostereinkehr, Downshifting oder Qigong nichts. Vor allem dann nicht, wenn sie dem anschließenden Durchstarten dienen.

Wer beruflichen Erfolg will, muss viel Zeit für die Arbeit aufzubringen. Je größer der Erfolg, umso mehr Möglichkeiten eröffnen sich. Die neuen Möglichkeiten erfordern aber noch mehr Zeit.

Wieviel Work-Life-Balance ist möglich? Work-Life-Balance versucht, den Mitarbeiter zu „reparieren". In Wahrheit jedoch ist das Arbeitssystem selbst reparaturbedürftig. Jeder Stillstand durch Reparaturarbeiten aber wäre Selbstmord in der Beschleunigungsmaschinerie. Der „Beschleunigungssoziologe" Hartmut Rosa schreibt: „Es ist ein strukturelles Problem: Wenn sich die ganze Gesellschaft beschleunigt, kann ich individuell nicht langsamer werden". Der globale Wettbewerb und die überzogenen Gewinnerwartungen der Shareholder erzeugen immer wieder Zeit- und Leistungsdruck. Niemand kann sich aus dem globalen Wirkungs- und Abhängigkeitsgefüge heraushalten, wenn China, Indien oder Brasilien Vergleichsmaßstab (Benchmark) sind. Daran ändern auch Pufferzeiten nach der Regel ‚60% geplant - 40% für Unvorhergesehenes' nichts, wie sie von Wirtschaftstrainern empfohlen werden.

Mitarbeiter können ein Lied von Verkürzungen der Auftragsabwicklung, Liefer- und Reaktionszeiten singen. In Verbindung mit dem Qualitätsmanagement-Hype Mitte der 1980er-Jahre setzte die Welle der Prozessoptimierungen ein. Im Mittelpunkt stand hierbei das Interesse nach Prozessbeschleunigung, durch Verkürzung von Rüst- und Durchlaufzeiten, Vermeidung von Doppel- und Nacharbeit, Reduzierung von Lagerzeiten und Transportwegen. Just-in-Time war die Maxime. Überall in der Wirtschaft wird die Handlungsgeschwindigkeit gesteigert.

Mich erinnert der Kampf um Zeitsouveränität an das Volksleiden Übergewicht, das trotz ständig neuer Titelgeschichten und Wunderdiäten niemals geheilt werden konnte. Das gilt ebenso für das Wirtschaftsleiden Beschleunigung beziehungsweise Zeitknappheit. (März 2015)

12. Die Fabrik als Dienstleister
Zur Tertiarisierung der Industrie

Im Dezember 2014 verkündete E.ON, sein Geschäft mit Atom, Gas und Kohle loswerden zu wollen. Zukünftig wolle sich der Energieversorger auf erneuerbare Energien und Serviceangebote konzentrieren. Kundenlösungen würden fortan im Mittelpunkt des Geschäfts stehen. Mit der neuen Strategie folgt E.ON einem Trend, der in den letzten Jahren immer mehr Unternehmen erfasst hat: Der Produktionsprozess wird dienstleistungsintensiver. Die Industrie selbst fördert diesen Transformationsprozess, indem sie immer mehr Sachgüter mit Service kombiniert. Einige Unternehmen mutieren sogar vom reinen Produkthersteller zum Komplett-Dienstanbieter oder – anders ausgedrückt – zum produzierenden Dienstleister. Der Begriff ‚Tertiarisierung der Industrie' trifft den Nagel auf den Kopf, denn von den etwa elf Millionen Erwerbstätigen des produzierenden Gewerbes erbringen mehr als 1,1 Millionen produktbegleitende Dienstleitungen.

Nach einer OECD-Studie sind in den industriell geprägten Ländern rund 40 Prozent der Industriebeschäftigten in dienstleistungsverwandten Berufen tätig. Dazu zählen Tätigkeiten wie Marketing, IKT, Personalverwaltung, Forschung und Entwicklung, Rechnungswesen oder Logistik. Industrieunternehmen bieten ihren Kunden Finanzierung, Schulung, Fernüberwachung, Inspektionen bis hin zum kompletten Betrieb von Maschinen und Anlagen, sogenannte Betreibermodelle, an. Wartungstechniker, Anlageninstrukteure, Kundenberater, Anlagenprogrammierer und Finanzierungsberater sind einige der Träger der Tertiarisierung von Industrieunternehmen.

Industriewachstum ist Servicewachstum. Wo die Industrie wächst, wachsen auch die Service-Arbeitsplätze. Die Aufgabe interner und externer Dienstleister besteht zu einem großen Teil darin, die Fertigungsautomaten noch mehr zu optimieren und damit noch mehr Produktionspersonal einzusparen. Im Zusammenhang mit „Industrie 4.0" wird ein Abbau der Arbeitsplätze in der Industrie von etwa 30 Prozent erwartet. Daraus folgt: Die Industrie wird nicht verschwinden, aber der Industriearbeiter wird mehr und mehr durch Automaten und internes Dienstleistungspersonal ersetzt und viele der heute noch stationär arbeitenden Industriebeschäftigten werden sich auf mobile Serviceeinsätze umstellen müssen.

Vom Wartungstechniker zum Beziehungsmanager. Industrienaher Service bringt neue Anforderungen mit sich. Bei Störungen müssen die Mitarbeiter schnell vor Ort sein. Eine 24-Stunden-Service-Bereitschaft erfordert flexible Arbeitspläne, reisebereite und flexible Mitarbeiter. In der Rund-um-die-Uhr-Wirtschaft ist nicht die Stechuhr der Leistungsmaßstab, sondern die Projekt-Deadline oder das Wiederanfahren einer Anlage.

Geschäftsbeziehungen im Industriegüterbereich sind auf mittlere bis längere Sicht angelegt. Bei produzierenden Dienstleistern geht es nicht um angekoppelte Einzelverkäufe, sondern um langfristige Verbundgeschäfte. Der Service-Mitarbeiter an der Front mutiert vom Wartungstechniker zum Beziehungsmanager. Unternehmen, die produktbegleitende Dienstleistungen anbieten, um sich vom Wettbewerb abzuheben, müssen dafür sorgen, dass dies auch durch das Serviceverhalten ihrer Mitarbeiter deutlich wird. Als eine Art Vorposten ist der Servicemitarbeiter Botschafter seines Unternehmens beim Kunden. Daraus folgt auch, dass produktbegleitende Dienstleister höher qualifiziertes Personal benötigen ist als andere Serviceberufe.

Führungskräfte, die kundenorientiertes Serviceverhalten von ihren Mitarbeitern fordern, müssen dieses selbst auch einlösen. Anders ausgedrückt: Führung ist Dienstleistung am dienstleistenden Mitarbeiter. Daraus folgt: Dienstleistende Mitarbeiter sollten auch wie Dienstleistungsempfänger behandelt werden. Hier kann der Vorgesetzte seine Rolle als Vorbild einlösen. (Februar 2015)

13. Wanted: Online-Kompetenz
IKT als Schlüsselqualifikation

Anfang Januar 2015 meldeten die Agenturen, Finnland werde die Schreibschrift abschaffen. Texte sollten nicht mehr in Schulhefte geschrieben, sondern mittels Tastatur eingegeben werden. PISA-Sieger Finnland erklärt diese Reform damit, dass flüssiges Tippen zu einer immer wichtiger werdenden Qualifikation werde.

Die Bedenken, die einige deutsche Reichsbedenkenträger dabei haben, erscheinen mir etwas voreilig. Fakt ist: In der zukünftigen Arbeitswelt konvergieren persönliche Schlüsselqualifikationen mit elektronisch erzeugten Kompetenzen beziehungsweise Arbeitsweisen. Es entstehen hybride Arbeitsabläufe aus menschlicher und maschineller Intelligenz. Die maschinelle Intelligenz funktioniert umso besser, je intelligenter der bedienende Mitarbeiter die elektronischen Systeme beherrscht. Das erklärt, warum die Diskussion zum Thema Schlüsselqualifikationen zeitgleich mit der Herausbildung der IKT als neuer Schlüsseltechnologie einsetzte. Die IKT-Nutzung erforderte neben der reinen IKT-Fachqualifikation vermehrt Schlüsselqualifikationen.

Wer bei eBay handeln will, bei Google Hilfe sucht, Wikipedia befragt oder eine Liebschaft über ein entsprechendes Partner-Portal anstrebt, benötigt Online-Kompetenz. Wer Blogs generiert, Wikis gestaltet oder in Open-Source-Netzwerken mitarbeiten will, bedarf der immer wichtiger werdenden binären 0:1-Sozialintelligenz. Es geht nicht mehr um den PC als verlängerte Schreib- und Rechenmaschine oder um Dateien als elektronische Form von Karteikästen, sondern um das Cyberspace als Werkstatt des 21. Jahrhunderts. Wer hier arbeiten will, muss das Netz-Handling beherrschen.

Mit dem Netz oder im Netz leben? Doch mit der Online-Qualifikation der Deutschen ist es nicht zum Besten bestellt. Zwar verfügen fast Dreiviertel über einen Online-Anschluss, aber nur knapp ein Drittel ist in der digitalen Alltagswelt angekommen. Etwa 65 Prozent der Deutschen sind digitale Außenseiter oder Gelegenheitsnutzer. Nur zwölf Prozent gehören zu den digitalen Profis und nur drei Prozent gelten als Avantgarde. Diese digitale Spaltung hängt nicht von der IKT-Ausstattung ab, sondern von der Kompetenz, der Nutzungsvielfalt und Nutzungsintensität sowie der Einstellung gegenüber den digitalen Medien. Junge Menschen sind hier im Vorteil, da sie nicht mit dem Netz leben, sondern im Netz. Für sie ist das Internet keine externe Erweiterung der Wirklichkeit, sondern Teil von ihr.

Da in der neuen Arbeitswelt immer mehr Geschäfte ins Internet verlagert werden, entscheidet das Fahrvermögen auf der Datenautobahn über Erfolg oder Misserfolg im Wettbewerb. Nötig sind auch qualifizierte „Online-Piloten". Darum werden künftig solche Mitarbeiter gebraucht, die sich eigenständig in virtuellen Arbeits- und Netzwelten orientieren und bewegen können, denn Online-Business und Online-Arbeiten verschmelzen immer mehr.

Die Onlinekompetenz von Fachkräften, nicht IT-Experten, umfasst verschiedene Teilkompetenzen, beginnend mit der technischen Beherrschung von Web 2.0, Anwendungen wie Blogs, Tags oder Wikis. Dazu gehört auch der gekonnte Umgang mit Suchmaschinen. Selbst das flinke Tippen gehört dazu. Informationen müssen schnell abgerufen und verbreitet, urteilssicher ausgesucht und hinsichtlich ihrer Nützlichkeit bewertet werden. Zwar ist die Bedienung der Anwendungen heute einfacher als noch vor fünf Jahren, doch das Angebot wird immer komplexer. Das notwendige Wissen und nimmt auch an Breite zu.

Wir verbringen sehr viel Zeit online. Vielleicht ist es ratsam, einen Teil der Zeit zur Verbesserung des Online-IQ aufzuwenden, um so online-Zeit zu sparen. Hier sind unsere Schulen gefordert. Informatik müsste zum Pflichtfach werden. So gesehen, erscheint das finnische Beispiel sinnvoll. (Januar 2015)

14. Augenwischerei mit der Frauenquote
Lohngerechtigkeit statt Aufsichtsratsmandate

Künftig wird es eine feste Frauenquote von 30 Prozent im Aufsichtsrat der 108 börsennotierten Unternehmen geben. Wohlgemerkt: Es geht um Aufsichtsräte, nicht um die Besetzung von Manager-Positionen. Der Beschluss betrifft deutschlandweit rund 170 Frauen.

Die Regierung sieht darin den Beginn einer neuen Epoche, ja einen Kulturwandel für die Arbeitswelt. Die Quote werde für den Abbau von Ungerechtigkeiten gegenüber Frauen sorgen und „eine enorme Wirkung" erzielen, heißt es aus dem Bundesministerin für Familie, Senioren, Frauen und Jugend. Doch was heißt enorm? Was ändert sich für die Frau an sich, abgesehen von den 170 auserwählten Potenzial-Damen? Hundertausenden berufstätigen Arbeitnehmerinnen ist es egal, wieviel Männlein oder Weiblein im Aufsichtsrat sitzen. Sie wissen: Die handverlesenen Damen auf der Kapitalseite werden nicht viel anders entscheiden als ihr männliches Pendant.

Arbeitnehmerinnen erwarten vor allem Beschlüsse zur Lohngerechtigkeit. Das Lohnthema betrifft die Mehrheit der Frauen, das Aufsichtsratsthema aber nur eine Minderheit. Dennoch ist die Frauenquote das vorherrschende Thema der Diskussion um Gleichberechtigung. Das mag auch daran liegen, dass diese Diskussion vorwiegend in renommierten Publikumszeitschriften und Management-Periodika geführt wird. Die Autoren sind meist gut dotierte Journalistinnen. Wer Ungerechtigkeiten tatsächlich beseitigen will, sollte sich zukünftig besser um folgende Probleme kümmern:

1. Deutschlands Frauen verdienen durchschnittlich 21,6 Prozent weniger als ihre männlichen Kollegen, sagt die OECD. Nirgendwo in Europa ist der *Lohnunterschied* größer als hierzulande.

2. 87 Prozent aller *Teilzeitarbeitsplätze* nehmen Frauen ein.

Selbst wenn sie gern Vollzeit arbeiten würden, steht oft nur ein Teilzeitarbeitsplatz zur Verfügung. Nur 55 Prozent der berufstätigen Frauen gehen einer Vollzeitbeschäftigung nach. Mit einer durchschnittlichen Arbeitszeit von 18,1 Stunden haben Deutschlands Frauen die niedrigste Wochenarbeitszeit in der EU.

3. Frauen, die eine Teilzeitbeschäftigung anstreben, weil sie genügend *Zeit für die Kinder* haben und nicht als Rabenmutter dastehen wollen, werden auf andere Art stigmatisiert: Sie gelten als weniger engagiert und bekommen weniger wertige Jobs.

4. Frauen erledigen zwei Drittel der *nicht-monetarisierten Aufgaben unserer Gesellschaft*, wie etwa Kindererziehung, Putzen, Kochen und Einkaufen. Die unbezahlte Arbeit bleibt zumeist unerkannt und wird kaum anerkannt. Der Club of Rome schreibt, dass in beinahe jedem Land der Erde Frauen mehr arbeiten als Männer. Dennoch erhalten Männer den Löwenanteil des Volkseinkommens und erfahren jene Anerkennung, die man Frauen verweigert.

Würde man alle nicht-monetarisierten Tätigkeiten – egal, wer sie verrichtet – addieren, stiege das Bruttoinlandsprodukt auf der Basis des Nettostundensatzes einer Hauswirtschafterin um etwa ein Drittel. Das Gehalt einer angestellten Putzfrau geht in die volkswirtschaftliche Gesamtrechnung ein, das einer Hausfrau nicht. Im kommenden Jahrzehnt aber werden sich Gesellschaft und Politik dem Thema nicht-monetarisierter Arbeit stellen und Angebote vor allem für Frauen entwickeln müssen. Dafür sorgt der zunehmende Druck der kritischen Öffentlichkeit. Die Gleichheit der Geschlechter wird nach wie vor auf der Agenda bleiben und muss gegen viele Widerstände weiter abgearbeitet werden. Bundesministerin Schwesig will das Gesetz für mehr Lohngerechtigkeit noch in dieser Legislaturperiode durchbringen. Schau'n wir mal, was daraus wird. (Dezember 2014)

15. Vom Nutzen der Vielfalt
Multikulti in der Arbeitswelt

Zehntausende Menschen strömen aus Afrika, dem Nahen und Mittleren Osten nach Deutschland. Sie müssen genauso in die deutsche Wirtschaft und Gesellschaft integriert werden wie die jungen Spezialisten aus Südeuropa, die hier seit kurzem an Werkbänken, in IT- und Konstruktionsbüros arbeiten. Infolge dessen werden Belegschaften vielfältiger, bunter und internationaler. Das ist auch gut so, denn personelle Monokulturen sind wenig geeignet, um Neues hervorzubringen und auf den Weltmärkten zu überleben.

Eine weltweit vernetzte Wirtschaft, hochkomplexe Kundenstrukturen, Migrationsströme, vielfältige Produkte und ein harter Wettbewerb erfordern das Management von Diversity als notwendigen Bestandteil der Pflege der Unternehmenskultur. Zunehmend entdecken Unternehmen, dass sich so auch ungenutzte Kundenpotenziale erschließen lassen. Heterogen zusammengesetzte Belegschaften erleichtern den Zugang zu neuen Märkten. Kein deutsches Unternehmen verzichtet auf den Rat seiner türkischen Mitarbeiter, wenn es darum geht, Märkte jenseits des Bosporus zu bearbeiten. Insofern bekommt Diversity einen „Business Sense". Wenn Mitarbeiter verschiedene Sprachen sprechen und sich in anderen Kulturkreisen bewegen können, sind sie näher an den Wünschen der dortigen Kunden und gewinnen eher deren Vertrauen.

Ungewohntes und Fremdes produktiv nutzen. Diversity wird gern als eine Art Make-up definiert, mit dem ein Unternehmen demographische Gegebenheiten der Gesellschaft in seiner Belegschaft abbildet. Aber bei Diversity geht es nicht nur um die spiegelbildliche oder quotenmäßige Abbildung gesellschaftlicher Gruppen wie Frauen oder Ausländer. Diversity bezieht sich auf alles, worin Menschen sich unterscheiden: Rasse, Geschlecht, Alter, Religion, Lebensstil, Erziehung oder körperliche Behinderungen. Das ganze Spektrum an Meinungen, Einstellungen,

Denk- und Lösungsansätzen, an unterschiedlichen Wahrnehmungen, Werten, Lebenserfahrungen und -philosophien ist für die Wirkung von Vielfalt und Buntheit ausschlaggebend. Vielfalt und Buntheit bedeuten, zugleich einen Umdenkprozess weg vom Ich hin zum globalen Wir auszulösen und voneinander zu lernen. Vom einzelnen Mitarbeiter erfordert das, neugierig auf Ungewohntes und Fremdes zuzugehen. Erst wenn das gelingt, ist Vielfalt gegeben und erfüllt ihren Zweck.

Managing Diversity, so der englischsprachige Terminus, überschneidet sich mit dem gängigen interkulturellen Management, geht aber weit darüber hinaus. Als personalpolitisches Konzept bezieht es sich auf eine integrierte, in sich schlüssige Steuerung der Managementprozesse mit Blick auf jene Personenkreise, die aus dem üblichen Klischee bzw. der nationalen Kernbelegschaft herausragen.

Vom Unternehmenskopf in die Mitarbeiterköpfe. Die bewusst herbeigeführte Toleranz und Diversity kann Unternehmen vielfältig stimulieren, etwa indem es sich kulturell und mental auf globale Aktivitäten einstellt, sich als Arbeitgeber für ausländische Mitarbeiter interessant macht. Diversity fördert auch das Innovationspotenzial. Nur wenn „Andersdenkende" mitdiskutieren, entstehen neue Ideen, entwickeln sich interessante Denkansätze und ergeben sich ungeahnte Lösungswege. Diversity beginnt also in doppelter Hinsicht im Kopf: Zunächst im Kopf des Unternehmens, ganz oben, und von dort abwärts in die Köpfe aller Mitarbeiter. Vielfalt ist Chefsache!

Kluge Manager haben längst erkannt, dass Intelligenz und Talent weder an eine bestimmte Hautfarbe noch an das Geschlecht gebunden sind. Sie wissen auch, wie hilfreich Mentoren und Vorbilder für die eigene Karriere waren. Nicht anders ist es bei Angehörigen von ethnischen Minderheiten, Frauen oder Behinderten. (November 2014)

16. Kreative Störenfriede
Die positive Wirkung von Querdenkern

Die Technik- und Wissenschaftsgeschichte ist voll von Beispielen der Verfolgung kreativ Andersdenkender. Galileo Galilei ist das berühmteste Beispiel, aber nur eines von vielen. Rudolf Diesel etwa musste bei Gericht erscheinen und die Logik seiner Patente gegenüber seinen akademischen Widersachern beweisen. Wissenschaftler intervenierten beim deutschen Kaiser, den Unsinn des Luftschiffbaus zu unterbinden, da Fliegen den physikalischen Gesetzmäßigkeiten widerspräche. Und der erste Apple-PC wurde von EDV-Experten als Spielzeug verlacht.

Das meiste von dem, was das Leben lebenswert und annehmlich macht, verdanken wir diesen „Träumern", wie man geringschätzig über sie sprach. Doch diese Träumer waren Pioniere. Sie haben auch heute noch eine wichtige Pionierfunktion, wenngleich die Epoche der Durchbrucherfindungen durch die der leisen und kleinen Innovationen abgelöst wurde. Die Bedeutung und Rolle der initiativen Einzelpersönlichkeit wird auch durch Gruppen- und Projektarbeit nicht geschmälert. Dieser Mitarbeitertyp, in der Managementliteratur als Entrepreneur bezeichnet, ist eigentlich der einzige „echte" Unternehmer in Unternehmen, die immer mehr zu Behörden verkommen. Er hat den Mut, entschlossen dorthin zu marschieren, wo zuvor noch niemand gewesen ist, während andere lieber die Vergangenheit wiederholen und so die Zukunft ignorieren. Der Mut zum Risiko kennzeichnet diesen Pionier als echten Unternehmer.

Pioniere versus Unternehmensbeamten. Ein Firmenpionier setzt seinen Träumen Termine, so dass daraus Ziele entstehen. Im Gegensatz zum „Unternehmensbeamten", der nach Macht, Beförderung und Belohnung strebt, motiviert sich der Pionier durch Ziele, Sachinteresse und Zwischenerfolge. Wo andere noch über die Dunkelheit schimpfen, zündet er bereits die Kerze an. Erkannte Freiräume erobert er sich sofort. Der Schriftsteller Bernhard Shaw wußte zwar noch nichts vom „angestellten

Unternehmer", erkannte aber, dass der Fortschritt von unvernünftigen Menschen herbeigeführt wird. Der vernünftige Mensch passt sich seiner Umgebung an, während der Unvernünftige versucht, seine Umgebung sich anzupassen. Solche Mitarbeiter sind Pioniere und Rebellen zugleich, verhalten sich subversiv und verstehen es Regeln zu umgehen.

Auf Pioniere wird geschossen. Doch anstatt den kreativen Funken am Glimmen zu halten, wird seitens des Managements auf Pioniere geschossen. Allzu oft stehen sie im Kugelhagel, ohne dass ihnen unternehmensseitig Schutz gewährt wird. Wer als Führungskraft ein Innovations-Abonnement wünscht, braucht solche Pioniere und sollte sie auch gewähren lassen. Wer Freiräume schafft macht sich selber frei Solchen Querdenkern sollte es erlaubt sein, im Untergrund zu arbeiten, da eine zu frühe Publizität das Immunsystem der Firma aktiviert. Unternehmen sind also gut beraten, diese innovativen Störenfriede in Projekte einzubinden, damit sie produktive Unruhe in die Organisation bringen. Außerdem sollten Entschuldigungen für fehlgeschlagene Aktionen akzeptiert werden, da der entsprechende 'Handlungsantrag' nie genehmigt, ja nicht einmal beantwortet worden wäre.

Zukunftsorientierte und innovationsaktive Unternehmen erwarten von ihren   Champions, ein anderes Wort für den Pionier, ein gewisses Maß an Unvernunft. Der Champion ist „*ein unangenehmer Zeitgenosse, ungeduldig, egozentrisch und vielleicht aus der Sicht des Unternehmens auch nicht ganz richtig im Kopf*", schreiben Tom Peters und Robert Waterman. Unternehmen sind also gut beraten, solche innovativen 'Störenfriede' in Projekte einzubinden, damit sie querdenken und produktive Unruhe in die Organisation bringen. Das sollte nicht nur für das Silicon Valley gelten, sondern für jedes Unternehmen, das an einer lebendigen Firmenkultur interessiert und auf Innovationen für sein Überleben angewiesen ist. (Oktober 2014)

17. Persönlichkeitstrainings ohne Wert
Die Schwierigkeit sich zu verändern

In Verhaltenstrainings und Persönlichkeitscoachings für Mitarbeiter und Manager wird sehr viel Geld investiert. Die Trainer und Coaches leben von dem Glauben ihrer Kundschaft, dass Persönlichkeit entwickelbar sei. Seit einigen Jahren aber mehren sich die Zweifel an der Wirksamkeit dieser Coaching- und Trainingsrezepte sowie Testverfahren, die Persönlichkeitsentwicklung als Indikation angeben. Ein radikal neues und wissenschaftlich fundiertes Denken sickert von der Neurowissenschaft in die Weiterbildungsszene und zwingt zu Antworten auf Fragen wie: Ist Persönlichkeit veränderbar? Kann man den Willen trainieren? Sind wir vernunft- oder gefühlsgetrieben?

Gene oder Umwelt? Noch in der zweiten Hälfte des vorigen Jahrhunderts dominierte die Auffassung des Primats der Umwelt und Erziehung. Sie kann zu den Akten gelegt werden, wenn der renommierte Neurologe Prof. Gerhard Roth Recht behält, denn

o genetische Prägungen haben einen großen Anteil an der Persönlichkeit;

o Die für das Psychische zuständigen Hirngebiete prägen zusammen mit den Genen etwa 50 Prozent unserer Persönlichkeit.

o Jetzt erst kommt als dritte Einflusskraft die Umwelt hinzu. Vorgeburtliche und frühe nachgeburtliche Erlebnisse wirken auf das limbische System des Embryos und dann des Säuglings ein.

Damit stellt sich die Frage, wer mehr Einfluss auf unser Verhalten hat: das Unterbewusste oder Bewusste, das Gefühl oder der Verstand? Im Sinne der Aufklärung lautet die Antwort: der im Großhirn angesiedelte Verstand. Irrtum! Das limbische System ist die Kommandozentrale. Hier werden die Persönlichkeitsstrukturen eines Menschen entscheidend geprägt und von hier aus werden Denken, Wollen und Handeln gesteuert. Grundlage ist eine unterbewusste Bewertung von „gut" oder „schlecht", „erfolgreich" oder „erfolglos" – und die damit einprogrammierten Positiv- oder Negativgefühle. Alles, was Vernunft und Verstand als Empfehlung abgeben, muss für den Entscheider emotional akzeptabel beziehungsweise eingebettet sein. Ohne Gefühl geht nichts. Gefühl ist der automatische On-Off-Schalter.

Gewohnheitstier Mensch. Subjektiv erleben die Menschen ihr Handeln als bewusst und frei. Das aber ist eine Illusion. Die Werbung spielt schon lange auf dieser Tastatur. Sie verführt unser Unterbewusstsein zu Entscheidungen, von denen wir meinen, wir hätten sie frei getroffen. Die unbewussten Prägungen wirken wie ein Gerippe, die Persönlichkeitsveränderungen blockiert. Das Gewohnte ist vertraut, es belohnt mit guten Gefühlen. Die Parole aus der neurologischen Ursuppe lautet: Weitermachen wie bisher. Warum soll man sich ändern, wenn man es im Stile eines wilhelminischen Oberlehrers bis zum Abteilungsleiter gebracht hat?

Das erklärt auch, warum Ratgeberliteratur zum Thema Persönlichkeitsentwicklung zumeist wirkungslos bleibt. Nach kurzer Zeit übernehmen wieder die alten Gewohnheiten das Kommando. Der Grund: Unser innerer Schweinehund will unmittelbare Belohnung. Alles muss schnell und leicht gehen. Die einzige Chance bietet die schrittweise Veränderung, bei der jeder noch so kleine Verhaltenswandel über einen relativ langen Zeitraum verfestigt bzw. automatisiert wird.

Wird ein Verhalten von persönlichen Erfolgsgefühlen begleitet, sickern diese in unbewusste Hirnregionen und steuern das Verhalten. Das, was ich bin, hat einen höheren Wert, als das, was ich vielleicht sein könnte. Eine Verhaltensänderung tritt nur dann ein, wenn sie eine wesentlich stärkere Belohnung in sich trägt als das Festhalten am Vertrauten. (September 2014)

18. Psychische Belastungsfaktoren
Der neue § 5 des Arbeitsschutzgesetzes (ArbSchG)

Als Folge von Arbeitslosigkeit, ständiger Erreichbarkeit und globalem Wettbewerb nimmt der Druck auf die Berufstätigen zu. Die extreme Beschleunigung macht sie zu Getriebenen. Der Politikwissenschaftler Hartmut Rosa spricht von einer dreifachen Beschleunigung: technischer Fortschritt, sozialer Wandel und Lebenstempus. Der Zukunftsforscher Horst W. Opaschowski illustriert das mit der Formel „½ x 2 x 3": Die Hälfte der Belegschaft mit doppelter Bezahlung leistet dreimal so viel wie früher die Vollbelegschaft.

Was droht, ist eine neue „Seuche" namens Seelenpein. Stress, Depression, Burnout. Die kontinuierliche Zunahme psychisch bedingter Erkrankungen um rund 75 Prozent belegt die zunehmende Arbeitsbelastung in Unternehmen „Der erschöpfte Mensch ersetzt den gebrechlichen", schrieb auch der SPIEGEL. Und die Weltgesundheitsorganisation erklärte Berufsstress zu „einer der größten Gefahren des 21. Jahrhunderts". Auch der Gesetzgeber hat bereits reagiert und mit dem § 5 des Arbeitsschutzgesetzes (ArbSchG) eine Regelung für die Ermittlung von und Maßnahmen gegen psychische Belastungen der Arbeit geschaffen.

Das Gesetz fordert... Der Arbeitgeber hat durch eine Beurteilung der für die Beschäftigten mit ihrer Arbeit verbundenen Gefährdung zu ermitteln, welche Maßnahmen des Arbeitsschutzes erforderlich sind.... (3) Eine Gefährdung kann sich insbesondere ergeben durch ... 6. psychische Belastungen bei der Arbeit.

Wenn also der Betriebsrat darauf besteht, die psychischen Belastungsfaktoren zu ermitteln, kann sich das Management nicht dagegen wehren. Wohlgemerkt, es handelt sich nicht um eine von vielen DIN ISO-Normen, sondern um ein Gesetz, dem sich selbst ein Kleinunternehmen nicht entziehen kann.

Die Gefährdungsbeurteilung beruht auf dem internationalen Standard EN ISO 10075, der Richtlinien der Arbeitsgestaltung bezüglich psychischer Arbeitsbelastung beschreibt. Schon stürzen sich Berufsgenossenschaften, Gewerkschaften, Krankenkassen und Sozialorganisationen darauf und propagieren die Vorzüge einer solchen Gefährdungsbeurteilung. Nach dem Hype um EN ISO 9001 rollt nun also eine neue Zertifizierungswelle auf alle Arbeit gebenden Organisationen zu.

Belastung statt Beanspruchung. § 5 ArbSchG schreibt jedoch nicht vor, wie eine Gefährdungsanalyse durchzuführen ist, sondern nur dass sie durchgeführt werden muss. Ob das in Form einer Beobachtung, eines Fragebogens oder einer moderierten Gruppensitzung passiert, bleibt den Unternehmen selbst überlassen. Wer die Analyse nach Bauchgefühl mit Wünschelrute durchführt und dokumentiert, hat seine Gesetzespflicht erfüllt. Sie muss aber dokumentiert sein. Ein Papierbündel mit Notizen reicht. Völlig zu Recht fragen Arbeitswissenschaftler und Sicherheitsfachkräfte nach der Qualität von psychologischen Gefährdungsanalysen und fordern ,geeichte' Instrumente.

Es geht bei der Gefährdungsanalyse nur um belastende Einflüsse, die von außen auf Mitarbeiter psychisch einwirken, nicht um die psychische Beanspruchung. Der neue Paragraph 5 des Arbeitsschutzgesetzes fragt nach belastenden Einflüssen, die von außen auf Mitarbeiter psychisch einwirken. Hierbei geht es um die psychischen Auswirkungen auf den einzelnen Menschen, nicht um seine Beanspruchung. Da jeder Mensch sehr unterschiedlich empfindet und reagiert kann die Beanspruchung nicht Gegenstand einer übergreifenden Arbeitsschutzmaßnahme sein.

Ein Blick in die Liste möglicher psychischer Belastungsfaktoren zeigt: Auf Personalentwickler, REFA-Techniker, Sicherheitsfachkräfte, Betriebsmediziner und Führungskräfte kommen neue Verantwortlichkeiten und Anforderungen zu. Der Weg in die Prüf- und TÜV-Gesellschaft scheint unaufhörlich. (August 2014)

19. Hör auf Dein Bauchgefühl!
Zum Nutzen der Intuition

Ein gewisser Ray Kroc kaufte 1960 gegen den Rat kluger Leute für 2,6 Millionen Dollar eine marode Imbissfirma. Der Name: McDonald's. Statt fundierte Informationen zu sammeln oder einen Businessplan zu erstellen, verließ sich Kroc auf sein Bauchgefühl. Intuition und Erfahrung waren die Grundlagen seiner Entscheidung.

Manager hingegen bemühen sich um rationale Begründungen ihrer Entscheidungen. Sie streben nach Sicherheit in Form von Informationen. Doch um alle Risiken einer Entscheidung berücksichtigen zu können, müssten sie meterweise Akten lesen. Angesichts immer komplexerer Informationen wird deshalb das Denken aus dem Bauch heraus wichtiger. Es mehren sich die Stimmen, die das „Bauchmanagement" als Entscheidungstechnik empfehlen. Doch Manager bekennen sich nur ungern zu ihrem Bauchgefühl und verweisen lieber auf Berechnungen oder Computersimulationen. Seinem Gespür nachzugehen gilt in unserer Kultur noch immer als intellektuelle Schwäche und als Rückfall in vorwissenschaftliche Zeiten.

Bewusstes und Unterbewusstes verknüpfen. Manager, die sich bei ihren Entscheidungen nur auf Zahlen, Statistiken und wissenschaftliche Prognosen stützen, reduzieren zwar das Risiko einer Fehlentscheidung. Sie verfügen damit aber noch lange nicht über ein Unbedenklichkeitszertifikat. Wenn alle Zahlen geprüft und alle Experten gehört wurden, bedarf es immer noch einer letzten Prüfinstanz: der Intuition. Wer seine innere Stimme unterdrückt, halbiert damit auch seine Fähigkeiten und Möglichkeiten der Problemerkennung und Problemlösung. Wen Details überfordern, sollte den Staffelstab an seine Intuition weitergeben. Wer sich für die Erfahrungen des „neurologischen Untergrunds" öffnet, erweitert seine intuitiven Fähigkeiten. Vor allem dann, wenn er sich sein Unbewusstes bewusst macht und das Bewusste wie derum zur Schatzkammer des Unterbewusstseins wird. Ohne die Intuition kommt selten etwas Großes zustande.

Intuition ist der wissenschaftlich korrekte Ausdruck für das, was man umgangssprachlich das 'Händchen' oder den 'Riecher' nennt. Wer das richtige 'Gespür' hat, macht in einer kritischen Situation das Richtige, ohne genau zu wissen, warum es richtig war. Nicht der Kopf, sondern der Bauch hat entschieden. Als Ray Kroe 1960 eine kleine und marode Imbissfirma namens *McDonald kaufte,* spürte er in seinem *„Musikantenknochen, dass das eine ganz sichere Sache war"* so seine Aussage im Interview mit dem STERN.

Als eine Art innere Stimme ist die Intuition so etwas wie eine Spezialbegabung, die bei einigen Menschen besonders ausgeprägt ist. Dieser 'sechste Sinn' kommt immer dann ins Spiel, wenn Logik und Analyse nicht weiterhelfen. Dann müssen die Intuitionsgene aktiviert werden. Der 'Riecher' tritt an die Stelle des Denkens.

Intuition ersetzt nicht das Denken. Je offener jemand für seine Gefühle ist, umso sicherer und geübter wird er, um Personen und Situationen gefühlsmäßig zu erfassen. Die Intuition kann vor allem vor jenen Typen schützen, die zwar sprachgewandt, aber ansonsten völlig inkompetent sind. „Die Chemie stimmt nicht", ist die umgangssprachliche Umschreibung für dieses Gefühlsradar. Eine wichtige Einschränkung ist aber notwendig: Die Wirkungsweise der Intuition kann zum Fehlschluss führen, es handle sich dabei um einen automatischen Prozess des Unterbewussten. Wer sich allein auf seine Gefühle beruft, wird schnell zum Opfer seiner Denkfaulheit und setzt sich dem Blindflug seiner Gefühle aus. Die gute Nase allein nützt nichts ohne fundiertes Wissen, Erfahrung und Nachdenken. Die Intuition ist ein Bonus, über den man sich freuen sollte. Bleibt dieser göttliche Funke aus, muss der logische Denkprozess fortgesetzt werden, um zu einem Ergebnis zu kommen. (Juli 2014)

20. Wanted: Projektkompetenz
Zur Projektifizierung der Wirtschaft

Die DIN 69 901 beschreibt, wann ein Vorhaben zum Projekt wird: Es muss gewichtig, schwierig, einmalig, zeitlich begrenzt, durch einen erheblichen Umfang gekennzeichnet und mit Unsicherheiten behaftet sein. So gesehen ist der menschliche Alltag voll von Projekten. Überall stößt man auf sie. Eine Diplom- oder Doktorarbeit ist ebenso ein Projekt wie das im Entstehen befindliche Buch eines Schriftstellers. Selbst die Ehe ist ein Projekt, denn die meisten der vorstehend genannten Merkmale treffen auf den Bund fürs Leben zu. IKT-Dienstleister oder Handwerker übernehmen Aufträge, die je nach Komplexität kleine oder größere Projekte sind. Die Projektifizierung zieht sich mittlerweile quer durch alle Branchen und Bereiche. Das Forschungsinstitut der Deutschen Bank wagt eine Schätzung, nach der 2020 etwa 15 Prozent der gesamtwirtschaftlichen Wertschöpfung in organisatorisch eigenständigen Projektgesellschaften erbracht werden.

Projektteams ersetzen Arbeitsgruppen. Der Übergang von der Industriegesellschaft zur Wissensgesellschaft führt zwangsläufig zu einem Anstieg von Projektarbeit. Viele Unternehmen sind auf dem Weg vom reinen Produkthersteller zum Komplett-Dienstanbieter, oder anders ausgedrückt: zum produzierenden Dienstleister. Die Dienstleistung besteht zu einem großen Teil aus umfassenden Problemlösungen. Dafür dient Projektarbeit. Es gibt aber auch Unternehmen, die ausschließlich Projekte abwickeln wie etwa Bauunternehmen oder Softwareschmieden. Besonders in wissensintensiven Branchen verlagert sich die Arbeit immer mehr in Projektgruppen. Spezialisten kommen in Projekten zusammen, wickeln sie ab und gehen wieder auseinander. Alle sind auf das Wissen des Anderen angewiesen.

Die verkürzte Lebensdauer von Produkten und der Zwang zu Innovationen bringen es mit sich, dass Neues schnell erdacht, entwickelt und vermarktet werden muss. In einem PKW stecken etwa 50 Prozent produktbegleitende Dienstleistungen, die überwiegend von Projektgruppen erbracht werden. Die wachsende Bedeutung von Projekten beinhaltet entsprechende Qualifikationserfordernisse im Projektmanagement. Man muss wissen, wie man ein Projekt bearbeitet: von der Auftragsklärung über die Zielformulierung und Projektsteuerung bis hin zur Realisation. Im Projektmanagement vereinigen sich viele Managementtechniken, -methoden und –werkzeuge. Wer sie kennt und anwendet, verfügt über das, was man neuerdings Projektkompetenz nennt.

Defizitäre Projektkompetenz. Damit ist es aber nicht zum Besten bestellt. Nach einer Studie der Deutschen Gesellschaft für Projektmanagement schätzen über die Hälfte der befragten Top-Manager den Projektmanagement-Reifegrad im eigenen Unternehmen als mittelmäßig oder schlecht ein, während die Bedeutung von Projektarbeit von über Zweidrittel als hoch bewertet wird. Vereinzelt bereiten sich Schulen und Hochschulen auf den Prozess der Projektifizierung vor und vermitteln Lernstoff projektbasiert. Sie haben erkannt: Faktenpauken geht an der Realität und den Anforderungen des Lebens vorbei. Menschen werden im Großen und Kleinen mit Problemen und Aufgaben konfrontiert. Das dazu nötige Faktenwissen nützt nichts, wenn der methodische Instrumentenkasten fehlt. Um den Anforderungen einer projektbasierten Wirtschaft zu entsprechen, müssen schon frühzeitig die zum Projektmanagement notwendigen Fähigkeiten trainiert werden. Diese Erkenntnis hat sich noch immer nicht durchgesetzt.

Projektarbeit begünstigt die Virtualisierung des Arbeitsplatzes und die Flexibilisierung der Arbeitszeiten, da die individuelle Denk- und Schreibarbeit zwischen den Projektsitzungen nicht zwangsläufig im Unternehmen erbracht werden muss. Bürokratische Verkrustungen werden bei der übergreifenden Projektarbeit minimiert, da die Partner nach Auftragsende wieder in ihre ‚Stammreviere' zurückkehren. transparenter, denn das Endergebnis ist der Erfolgsmaßstab. (Juni 2014)

21. Mann oder Frau?

Wer ist der bessere Chef?

Das ‚Gesetz für gleichberechtigte Teilhabe von Männern und Frauen an Führungspositionen' fordert seit 2016 von etwa 3.500 Unternehmen Zielvorgaben über den Anteil von Frauen in Führungspositionen. Familienministerin Schwesig, eine gelernte Finanzbeamtin, deren vorministerielles Arbeitsleben in der Finanzverwaltung stattfand, deutet dieses als historischen Schritt hin zu einem Kulturwandel in deutschen Unternehmen.

Unternehmen könnten sich freuen, denn die feministisch orientierte Managementliteratur behauptet: Frauen seien im Vergleich zu Männern teamfähiger, toleranter, mutiger, zäher, hartnäckiger, konsensorientierter, fürsorglicher, flexibler, sozial kompetenter, ausgleichender, inspirationsaktiver, ruhiger, kreativer, weitblickender, empathieorientierter, realistischer, frustrationsfähiger, motivationsstärker, kommunikativer, diplomatischer und stresstabiler. Wenn alle Eigenschaften zuträfen, müsste man statt vom „schwachen Geschlecht" vom „starken Geschlecht" sprechen.

McKinseys Gefälligkeitsstudie. Wie schön, wenn dann noch der empirische „Beweis" von ganz oben aus dem Beratungsolymp kommt. McKinsey will festgestellt haben, dass Frauen im CEO-Rang profitabler und werthaltiger arbeiten als Männer. Aufs Komma genau rechnen die Consultants vor, dass das Betriebsergebnis (EBIT) 11,1 Prozent mit Frauen und 5,8 Prozent ohne Frauen beträgt. Ursache: der weibliche Führungsstil. Doch mindestens drei Frauen müssen im Vorstand eines Unternehmens sitzen. Genau 89 Unternehmen wurden für die Studie ausgesucht. Warum nicht 100? McKinsey korreliert den Frauenanteil mit dem Geschäftserfolg. Das ist ähnlich fragwürdig wie die Korrelation der proportionalen Abnahme der Kindergeburten im Verhältnis zum Verschwinden der Störche. Es ist wissenschaftlich unzulässig von einer Korrelation auf eine Kausalität zu schließen. Für die Kinseyaner scheint das nicht zu gelten.

Die Studie „Woman matter" wurde zusammen mit der amerikanischen Frauenorganisation „Women's Forum for the Economy & Society" erstellt. Es darf gefragt werden, ob und inwieweit diese Kooperation die frauenfreundlichen Ergebnisse beförderte. Feministische Mythenbildner, die sich auf dieses und andere Ergebnisse berufen, sollten einen Blick in die vielen Studien der Führungsforschung werfen. Sie kommen größtenteils zum Ergebnis, dass es keinen signifikanten Unterschied zwischen männlichen und weiblichen Führungskräften gibt.

Vorsicht vor feministischen Falschberaterinnen. Frauen sind also falsch beraten, wenn sie den Lobpreisungen von Personalberaterinnen und Managementtrainerinnen Glauben schenken. Sie sollten sich hüten, die ihnen zugedachten Etikettierungen als erwiesen zu betrachten, denn die als spezifisch weiblich beschriebenen Eigenschaften dienen oft nur dazu, sie aus den Chefetagen fernzuhalten. Je weiter Mann/Frau nach oben kommt, umso mehr nehmen die Konflikte der Steuerleute untereinander zu; umso mehr erweisen sich die als positiv herausgehobenen mütterlichen Wesenszüge als kontraproduktiv.

Der Psychologe Oswald Neuberger hat schon vor 20 Jahren auf den Spannungsbogen in der Zweiteilung von fürsorglicher Mitarbeiterorientierung einerseits und gewinnorientierter Leistungsorientierung andererseits aufmerksam gemacht hat. Viele Seiten richten Erwartungen an den Vorgesetzten, die jedoch unklar und widersprüchlich sind und deshalb ständige Such-, Interpretations- und Gestaltungsleistungen erfordern. So soll die Führungskraft einerseits Distanz wahren, andererseits Offenheit und Nähe aufbauen. Sie soll kooperieren, aber auch Konkurrenz schaffen. Sie soll sachlich, aber auch emotional sein, Ordnung durchsetzen und gleichzeitig Freiheit ermöglichen, vertrauen und kontrollieren. Anders ausgedrückt: Der/die Manager/Managerin muss männlich und weiblich zugleich sein. (Mai 2014)

22. Quo vadis Gewerkschaften?

Von der Gegenmacht in die Ohnmacht

Digitalisierung, Globalisierung und die damit einhergehenden Veränderungen in Wirtschaft und Gesellschaft, insbesondere aber der Übergang von der Industrie- in die Wissensgesellschaft hinterlassen auch im Bereich der Arbeitnehmerorganisationen tiefe Spuren. Von fünf Arbeitnehmern ist heute nur noch einer gewerkschaftlich organisiert. Wer arbeitslos wird, tritt aus.

Berufsgruppen wie die Lokführer, Krankenhausärzte, Stewardessen oder Piloten fühlten sich schon lange nicht mehr durch gewerkschaftliche Großorganisationen vertreten und gründeten Spartengewerkschaften. Dank ihrer Homogenität, ihrem Staatsbewusstsein und ihrer Positionierung an wirtschaftlichen Schaltzentren verfügen sie über eine besondere Blockade- und Durchsetzungsmacht, die sie in den kommenden Jahren verstärkt einsetzen werden.

Dieser Trend zur gewerkschaftlichen Splittergruppe wird sich durchsetzen. Er verstärkt sich als Folge der Abkehr von Großorganisationen, wie es Kirchen- und Parteienaustritte zeigen. Übrig bleibt eine zersplitterte Tariflandschaft und gespaltete der Belegschaften je nach Organisationszugehörigkeit.

Teufelskreis mit Abwärtsbewegung. Zukünftige Arbeitnehmergenerationen kommen nicht mehr aus dem soziokulturellen Milieu der Arbeiterschaft, sondern aus Angestelltenfamilien, denen die Verwurzelung mit den Gewerkschaften fehlt. Daraus resultieren Einbrüche bei den Beitragseinnahmen, die im Personalabbau hauptamtlicher Funktionäre münden. Die aber sind notwendig, um Betreuungs- und Beratungsleistungen aufrechtzuerhalten und neue Mitglieder zu werben. Dieser eigendynamische Teufelskreis ist wohl kaum noch aufzuhalten. Auch die Veränderungen im Selbstverständnis der neuen Generation von Betriebsräten und deren Anbindungen an die Gewerkschaften wirken schwächend. Die neue Generation hat immer weniger gewerkschaftlichen Stallgeruch. Ihre Rolle als gewerkschaftliche „Vor-Ort-Agenten" schwindet.

Insgesamt gesehen steht es also schlecht um die Zukunft dieser verdienstvollen Traditionsorganisationen der Arbeiterbewegung. Industriegewerkschaften werden sich künftig auf wenige Großunternehmen beschränken und tendenziell den Charakter von Betriebsgewerkschaften haben. Zeitarbeiter, ‚Prekarier' und vogelfreie Freiberufler passen eben nicht in das Korsett der IG Metall, IG Bau oder ver.di. Prognose: Aus der IG Metall wird in zwei Jahrzehnten eine IGM-Daimler oder IGM-Volkswagen werden. Dafür sorgen auch Betriebsräte, die zwar Gewerkschaftsmitglied sind, aber denen das Hemd näher als Hose ist.

Außerindustriell wird es nur im Bereich des Beamtentums mit dem Beamtenbund, der Lehrer- und der Polizeigewerkschaft auch weiterhin nennenswerte Interessenvertretungen geben. Um 2030, so meine Einschätzung, werden unsere Gewerkschaften – zahnlosen Tigern gleich – jene Bedeutung haben, wie heute der Verband der Kriegsopfer, Behinderten und Sozialrentner.

Schlechte Aussichten. Der gewerkschaftliche Schrumpfungsprozess scheint unumkehrbar. Vor allem strukturelle Einflusskräfte wirken auf die noch vorhandenen Organisationen und höhlen sie langsam aus. Damit sind die immer weniger werdenden Industriearbeitsplätze gemeint. Industriebetriebe lagern die den Fertigungsprozess begleitenden Servicearbeiten an spezialisierte Unternehmen aus. Neue Arbeitsplätze entstehen in dienstleistenden Klein- und Mittelbetrieben ohne Gewerkschaft.

Strukturelle Veränderungen der Wirtschaft und deren zunehmende Krisenlastigkeit verheißen unseren Gewerkschaften also eine schlechte Zukunft. Ihre Existenz ist in Gefahr. Darüber kann sich niemand freuen, denn die Arbeitnehmerorganisationen waren stets ein Fortschrittsmotor deutscher Industriegeschichte. Ihr Absterben würde eine schwer auffüllbare Lücke hinterlassen. (April 2014)

23. Zukunftsforschung als Kaffeesatzleserei
Die Zukunft lässt sich nicht in die Karten schauen

Kaiser Wilhelm II. wollte es 1910 genau wissen: Bekannte Wissenschaftler und prominente Zeitzeugen sollten die Welt im Jahre 2010 prognostizieren. So „erkannte" zum Beispiel der sozialdemokratische Cheftheoretiker Eduard Bernstein, die politische Herrschaft werde in den Händen der Arbeiterklasse liegen. Prof. Everard Hustler bejubelte die Segnungen des Radiums, das uns ein „Zeitalter völliger Kranklosigkeit" und „ewiger Jugend" bescher. Regierungsrat Rudolf Martin aus dem Kriegsministerium sah einen Weltkrieg zwischen Europa, China und Japan voraus, den Europa dank seiner 15.000 Zeppeline umfassenden Luftflotte gewinnt.

Marsbesiedelung und andere Fehprognosen. Auch ernst zu nehmende Wissenschaftler unserer Epoche hatten Probleme mit der Zukunftsschau. So schrieb der Mitbegründer der Futurologie, Ossip K. Flechtheim, 1973 im Manager Magazin: „Eine Rückkehr der kommunistischen Länder zum Kapitalismus ist so unvorstellbar wie etwa nach der Französischen Revolution eine Rückkehr zur feudal-agrarischen Gesellschaft." Im Bestseller des Jahres 1965, „Die amerikanische Herausforderung", meinte Jean-Jaques Servan-Schreiber, um das Jahr 1990 herum würden vier Fünftel der globalen Produktion von höchstens 15 multinationalen US-Konzernen abgedeckt. Der berühmte US-Futurologe Herman Kahn spekulierte 1967 in seinem mit Anthony J. Wiener geschriebenen Buch ,Ihr werdet es erleben' von der Besiedelung des Meeresbodens und einer Marsstation im Jahre 1982.

Von 1990 an bombardierte Gerd Gerken die Deutschen mit Zukunftsoptimismus. Er sah eine Chanceninflation auf die deutsche Gesellschaft zukommen. Für 2015 verkündete er die Rückkehr ins Paradies: Die Deutschen würden nur noch 25 Stunden pro Woche arbeiten und in einer harmonischen Freizeitgesellschaft leben. Alle Aggressionen würden im Cyberspace ausgetragen. Machtkämpfe und Revolten gehörten der Vergangenheit an.

Bei genauerem Hinsehen erweisen sich viele der so genannten Zukunfts- und Trendforscher als Journalisten, die das Thema Zukunft lesewirksam aufbereiteten. Sie erforschen selber keine Zukünfte, so wie Grundlagenforscher, sondern tragen das zusammen, was der gesellschaftliche oder wissenschaftliche Informationsmarkt an Neuem anbietet oder generieren aus soziokulturellen Erscheinungen eigene Zukunftsprojektionen, die sie als 'Futurefrikasse' lesewirksam aufbereiten.

Therapiefunktion von Zukunftsprognosen. Trotz diverser Fehlprognosen hat die Trend- und Zukunftsforschung Dauerkonjunktur – und wird es immer haben. Die Unsicherheit über die Zukunft verstärkt den Wunsch nach Orientierung. Für den französischen Historiker Georges Minois erfüllen Zukunftsverkünder eine „therapeutische Funktion". Ihre Vorhersagen beruhigen, geben Zuversicht, entlasten die Seele oder regen zum Handeln an. Hier lag und liegt die Chance von Zukunftsverkündern. Man wünscht sich Aussagen über die Wirtschaftsentwicklung, Naturereignisse und Kriegsverläufe. Schon damals galt: Die Autoren mit den besten Geschichten über die Zukunft haben immer auch eine eigene gute Zukunft. Aber Zukunftsvisionen haben ein kurzes Verfalldatum, ähnlich Milchprodukten.

Die Erfahrung zeigt, dass die Zukunft sich nicht in die Karten schauen lässt. Wir können zwar Vieles extrapolieren, aber die gesellschaftlichen Wirkungsverläufe ähneln einem Würfelspiel mit mehr als drei Würfeln. Der Weg von der Gegenwart in die Zukunft ist mit unvorhersehbaren Ereignissen gepflastert, die eine genaue Wegbeschreibung verhindern. Die „Selbstläufigkeit der Gesellschaft" (Nikolas Luhmann) führt die sogenannte Zukunftsforschung zwangsläufig in den Irrgarten und verleitet sie dazu, im Kaffeesatz zu lesen. Jemand, der heute in den diversen Zukunftsbüchern der 1980er-Jahre nachliest, reibt sich verwundert die Augen und denkt an Karl Valentin: *„Prognosen sind schwierig, besonders wenn sie die Zukunft betreffen."* (März 2014)

24. Der Neoliberalismus und seine Folgen
Das Märchen vom Mitarbeiter als Mitunternemer

Immer häufiger trifft man auf den Unternehmer im Unternehmen, den unselbständig Selbständigen: Hermes-Zusteller mit eigenem Auto, Bofrost-Fahrer, Außendienstmitarbeiter auf Provisionsbasis. Die Fachliteratur verwendet dafür den wenig schön klingenden Begriff „Vermarktlichung". Einerseits geht es dabei um eine verstärkte Ausrichtung am Markt, andererseits um die Nutzung von Marktmechanismen als Leistungsstimuli.

Der Erwerbsfähige der Zukunft ist demnach ein Unternehmer seiner selbst, ein Mensch voller Eigeninitiative und Selbstverantwortung, der sich aktiv selbst bewirtschaftet. Er fühlt sich für sein Leben wie für ein Unternehmen verantwortlich. Überhaupt, so die Essenz, muss das Unternehmerische in der Gesellschaft gestärkt werden, da es sich als Universaltherapie vieler Probleme eignet, vor allem gegen den überbordenden Sozialhaushalt. Das Unternehmerische soll den Übergang von der staatlichen zur privaten Daseinsvorsorge einleiten. Das Unternehmertum gilt als Universaltherapie für gesellschaftliche Probleme.

Der Markt als Universalregulator. An die Stelle des kontrollierenden, belohnenden und bestrafenden Vorgesetzten ist der Markt in seiner Rolle als Universalregulator getreten. Der Druck aus unzureichenden Verkaufszahlen ist unangenehmer als die Kontrolle durch den Vorgesetzten. Dieser Prozess der Mitverantwortung für den Geschäftserfolg wurde schon zu Beginn der 1980er Jahre eingeleitet. Unternehmen schufen Profit Center, und Abteilungen waren gezwungen, ihre Leistung unternehmensintern und -extern zu verkaufen, um so zur Profitabilität beizutragen. Der Markt beginnt dabei in der eigenen Abteilung, und Mitarbeiter werden in die Ertragspflicht genommen. So hart wie der Markt ist, so hart sollen auch die Mitarbeiter sein. Vom Mitarbeiter zum Mitunternehmer lautet die Parole. Diejenigen, die diese Transformation vollzogen, galten fortan als „Intrapreneure", als Impulsgeber für die innere Vermarktlichung.

Diese Vermarktlichung entstand durch die intensive Nutzung des technologischen Rationalisierungspotenzials Ende der 1980er Jahre. Weil die Humanressourcen noch nicht ausgeschöpft waren, brauchte man fachlich und sozial kompetente Mitarbeiter mit einem weit gefassten Entscheidungs- und Handlungsspielraum. Getreu dem Leitsatz der New Economy: „Macht, was ihr wollt, aber seid profitabel!" In der Folge verlieren die vertrauten Koordinaten der traditionellen Industriegesellschaft – Entscheidungen top-down, Linienorganisation, Zentralisation, Fürsorge- und Gehorsamspflicht – ihre Konturen. Hierarchische Kontrolle wird durch indirekte Steuerung ersetzt. Kennzahlen, Guidlines, Policies, Zielvereinbarungen und Leitbilder treten an die Stelle der Anordnungen von oben.

Radikale Vermarktlichung. Diese radikale Vermarktlichung der „Industrial Relations" führt zur Umgestaltung der traditionellen Beziehungen zwischen Kapital und Arbeit. Dafür sorgen die Renditeerwartungen der Finanzinvestoren und der von ihnen ausgehende Druck. Schließlich müssen Tilgung und Zinsen für das Finanzinvestment aus dem laufenden Geschäft bezahlt werden. Das gleicht oft dem Auswringen des letzten Tröpfchen Wassers aus der halbtrockenen Wäsche. Fazit: Entstaatlichung und Privatisierung sind Ausdrucksformen einer unaufhörlich voranschreitenden Vermarktlichung. Marktförmige Elemente strömen immer öfter in die normalen Lebenswelten ein. Ob Sterbebegleitung, Hausarbeitenhilfe oder Partnerschafts- und Lebensberatung – Brüderlichkeit war gestern, Business ist heute.

Die neoliberale Selbständigkeitsoffensive wird in einer Paradoxie-Sackgasse enden. Wenn viele oder gar alle Unternehmer werden, wäre es keiner. Jeder könnte, aber nicht alle können. (Februar 2014)

25. Organisation braucht Führung
Hierarchien bleiben

Die Schnelligkeits- und Flexibilitätserfordernisse des Marktes und der IKT-Vernetzung unterminieren eine alte Regel: Mitarbeiter, die mit dem Vorgesetzten einer anderen Abteilung kommunizieren wollen, müssen den Weg über den eigenen Chef gehen. Jede Zwischenstation auf der Leiter nach oben im Unternehmen A und wieder herunter in der Firma B kostet Zeit, Geld und birgt die Gefahr von Übertragungsfehlern. Wenn ein anderes Unternehmen der Kunde ist, kann man es nicht wie einen Endabnehmerkunden behandeln.

Im Kontakt zwischen Unternehmen, vor dem Hintergrund notwendiger Abstimmungen, verlieren Hierarchien ihre Konturen. Der Kunde interessiert sich nicht für Titel wie Abteilungsleiter, Direktor oder Manager, sondern für die bestellte Ware. Nicht der Hierarch, sondern der Markt kontrolliert. Das findet seit einigen Jahren seinen Ausdruck in auf den Kopf gestellten Organigrammen mit dem Kunden an der Spitze. Sie dienen aber eher der Werbung und Bewusstseinsbildung bei Mitarbeitern, weniger der Abbildung der betrieblichen Realität.

Web 2.0 verändert Hierarchien. Mit zunehmender Web 2.0-Vernetzung verändern sich auch die Hierarchien. In der eigenen Abteilung ist das Oben und Unten eindeutig, in der Web 2.0-Umgebung jedoch nicht. Der Kollege einer ausländischen Niederlassung weiß nicht, wer sein Projektpartner in Hamburg ist. Für ihn ist allein dessen Kompetenz der soziale Bezugspunkt, die aber nicht mit der Hierarchie übereinstimmen muss. Vielleicht stammen die klügsten Beiträge vom untersten Mitarbeiter? Natürlich wird es auch weiterhin Kontrollen durch übergeordnete Instanzen geben, aber Spezialisten sind anders zu kontrollieren als das Gros der Beschäftigten. Wie will ein Vorgesetzter kontrollieren oder etwas beurteilen, wenn nur der Spezialist weiß, was Sache ist? Er wird sich auf eine Kontrolle der Wirksamkeit der Selbstkontrolle durch den Mitarbeiter beschränken müssen.

Irgendwer muss entscheiden. In größeren Organisationen wird man auch in den nächsten Jahrzehnten noch auf spezialisierte Rollenträger stoßen, die sich CIO oder Werksleitung nennen. Ähnlich einem Orchester bedarf es hier der Koordination dutzender Instrumentalisten durch den Dirigenten. Dirigieren und Musizieren sind keine Gegensätze, sondern nur unterschiedliche Tätigkeiten an einer gemeinsamen Aufgabe. Letztendlich ist Hierarchie ein Stück Organisation. Sozialgebilde jedweder Art sind ohne Organisation nicht wirksam. Strukturen bieten Effizienzvorteile, die es ohne hierarchische Organisation nicht gäbe. Im Interesse der Funktionsfähigkeit von Organisationen und damit verbundener Entscheidungen bedarf es der Existenz von Entscheidern (Hierarchie). Auch das Ausmaß der Autonomie und die Höhe der eigenverantwortlich zu bewirtschaftenden Budgets sind zu entscheiden. Irgendwer muss auch handels- und arbeitsrechtlich verbindliche Unterschriften leisten, etwa bei Personaleinstellungen oder Steuererklärungen.

Hierarchie war und ist das grundlegende Strukturmodell der Wirtschaftswelt. Sie wird weniger, aber wohl kaum verschwinden. Dafür sorgt unter anderem das deutsche Arbeitsrecht, das mit den Rechtsnormen „Weisungsbefugnis des Vorgesetzten" sowie „Treuepflicht des Mitarbeiters" den hierarchischen Charakter des Arbeitsverhältnisses zumindest von juristischer Seite her noch für sehr lange Zeit festschreibt. Hier wird nicht nur ein Rechtsverhältnis, sondern auch ein Kräfteverhältnis beschrieben und festgelegt: die Unterstellung eines freien Menschen unter die Macht eines anderen. Hinter der formalen Vertragsfreiheit des Arbeitnehmers steht der Zwang zum Überleben. (Januar 2014)

26. Erfolglose Erfolgssuche
Warum Leistung keinen Erfolg garantiert

Reiche werden reicher, Arme ärmer. 4,5 Millionen Deutsche sind so genannte Aufstocker. Die gesellschaftliche Mitte dünnt sich aus. Die „Erfolglosen" werden mehr. Muss das sein? Es gibt Tausende Bücher und Artikel, in denen die ewig gültigen Gesetze des Erfolgs beschrieben werden. Die Industrie der Ratgeberliteratur hat Dauerkonjunktur. Parallel zu Arbeitslosigkeit und Armut steigt die Zahl von Publikationen und Seminaren zum Thema Erfolg. Die Bücher von Erfolgspropagandisten wie Napoleon Hill, Dale Carnegie oder Robert Murphy wurden Kassenschlager. Doch warum gibt es immer mehr vermeintlich Erfolglose, wenn Erfolg doch so einfach machbar ist?

Triviali banali. Wer in den Büchern von Erfolgsgurus à la Höller („Alles ist möglich") oder Lejeune („Du schaffst, was Du willst") nach Rezepten gegen Erfolglosigkeit sucht, findet ein Sammelsurium von „Triviali banali". Hier wird das aufgewärmt, was man morgens auf Kalenderblättern als Spruch des Tages mit auf den Weg bekommt. Die Autoren verschweigen natürlich, dass sich Erfolg und Misserfolg bedingen. Je mehr Menschen dem Erfolg nachlaufen, umso mehr gehen leer aus. Wo es Sieger gibt, muss es Verlierer geben. Wo einer aufsteigt, steigt mindestens auch einer ab. Obwohl es zur Wirksamkeit von Erfolgsrezepten keine wissenschaftlichen Befunde gibt, werden diese wie Tipps zum Schlankwerden weitergegeben. Der Erfolgsprophet, der es vom Tellerwäscher zum Millionär brachte, ist der Beweis.

Aber selbst die Erfolgsgeheimnisse eines Carsten Maschmeyer („Selfmade. Erfolg reich leben") ändern nichts daran, dass 99,9 Prozent ein für allemal erfolglos bleiben.

Unsere Erfolgsgurus sehen die entscheidenden Erfolgshebel in der menschlichen Psyche. Erfolg und Versagen haben demnach individuelle Ursachen. Bei dieser Fixierung auf das einzelne Individuum wird die Dynamik und Komplexität des Erfolgsgeschehens dem Blickfeld entzogen. Denn die wirkenden Hebel für den Erfolg liegen nicht in der menschlichen Psyche.

Erfolg ist das Resultat wechselwirkender Kräfte und nicht allein das Resultat willentlicher Schöpfung. Es ist eine Mixtur aus Zufall, Neugier, Ehrgeiz, Mangel, System und Methode, Disziplin und, Umfeld und guten Kontakten. Erfolge haben einen systemischen Kontext mit vielen Zuflüssen, die alle zum richtigen Zeitpunkt geöffnet sein müssen, um ihre volle Kraft zu entfalten.

Erfolg ist die Ausnahme, nicht die Regel. Jeder, der es auf die obere Stufe des Siegerpodests brachte, hat das auf seine individuelle Art in seinem besonderen Umfeld geschafft. Die Konstellation der Erfolgsfaktoren ist einzigartig und darum kaum kopierbar. Unsere Erfahrung zeigt, dass Erfolg eher die Ausnahme als die Regel ist. Dennoch glauben die Menschen, ähnlich beim Lotto, die Ausnahme von der Regel zu sein und suchen weiterhin erfolglos nach dem Erfolg.

Erfolglose sind keine Leistungslosen. Schon in den 1920er-Jahren führte die deutsche Erfolgssoziologie den Unterschied von Erfolg und Leistung ein. Leistung bezieht sich auf ein Sachthema, Erfolg auf den Sozialstatus im Sinne einer Mobilität nach oben. Hier geht es um das Sichdurchsetzen. Es ist somit fragwürdig von Erfolg zu sprechen, wenn jemand ohne eigene Leistung soziales Prestige erlangt. Auch „Glück haben" gehört dazu. Viele erfolglose Leistungsträger müssen jedoch die Erfahrung machen, dass Leistung für sich allein keinen Erfolg begründet. Hochschulabsolventen mit Prädikatsexamen bemühen sich erfolglos um Lebenschancen. Ihre Leistung ist an Verhaltensnormen gebunden, die den Einsatz der Ellbogen ausschließen. Das erschwert ihre Mobilität nach oben, aber ihnen verdanken wir den Erfolg unserer Gesellschaft. (Dezember 2013)

27. Fata Morgana Fachkräftemangel
Scheindebatte auf dem Rücken der Arbeitnehmer

.Der Fachkräftemangel gefährdet Deutschlands Wettbewerbsfähigkeit. Uns droht die Apokalypse, wenn es nicht bald gelingt, genügend qualifiziertes Personal zu finden. So oder so ähnlich verkünden es vor allem Unternehmerverbände und Kammern. Da Fachkräfte ein knappes Gut sind und die Nachfrage das Angebot übersteigt, müssten für dieses Gut doch eigentlich die Preise steigen. Tun sie aber nicht. Deutschlands Fachkräfte haben bei der Lohnentwicklung nicht besser abgeschnitten als andere Arbeitnehmer. Die Grundgehälter für Fachingenieure stiegen 2012 nicht mehr als die anderer Berufsgruppen. Bei Investitionsgütern mussten die leitenden Angestellten im zweiten Quartal des Jahres 2011 sogar Reallohneinbußen hinnehmen – und das, obwohl sie händeringend gesucht werden.

Die Sprache der Zahlen. Deutschlands Arbeitsmarktexperten – die sitzen bekanntlich im Institut für Arbeitsmarkt- und Berufsforschung (IAB) oder im Deutschen Institut für Wirtschaftsforschung – sehen für die Zukunft kaum Probleme. Sie verweisen auf die hohe Zahl an Studenten und auf einen jährlichen Bedarf von etwa 30.000 Ingenieuren. Da jährlich mehr als 50.000 Ingenieurstudenten ihr Examen machen, ist der Bedarf leicht zu decken. Bei Maschinen- und Fahrzeugbauingenieuren standen 2010 etwa 23.000 Absolventen zur Verfügung, um die ausscheidenden 9.000 zu ersetzen. Auf etwa 2.700 Chemiker und Chemieingenieure kommen nur ganze 290 offene Stellen. Nicht nur der Ersatzbedarf ist somit gedeckt, sondern die dringend gesuchten Ingenieure hätten auch locker zur Verfügung gestanden. Gegenwärtig gibt es nur wenige Bereiche, in denen es an Fachkräften mangelt.

DIW-Arbeitsmarktexperte Karl Brenke belegt seine Zweifel am Fachkräftemangel mit der Gehaltsentwicklung von Fachkräften. Eigentlich sind knappe Güter teuer, aber Fachkräfte haben bei der Lohnentwicklung nicht besser abgeschnitten als andere Arbeitnehmer.

Ganz so falsch scheinen die Arbeitsmarktforscher des DIW nicht zu liegen. Eine parlamentarische Anfrage der Partei Die Linke zeigt: Die Bundesregierung kann die Verknappung von Arbeitskräften nicht bestätigen. In der Antwort des Bundeswirtschaftsministeriums ist von möglichen Engpässen und „Lücken zwischen Arbeitskräftenachfrage und –angebot" die Rede, aber nicht explizit von einem Mangel an Fachkräften. Die Wissenschaftler des Instituts für Arbeitsmarkt- und Berufsforschung schreiben: „Die hohe Arbeitslosigkeit von gering qualifizierten Arbeitskräften zeigt, dass ein Teil des an sich vorhandenen Potenzials kaum genutzt wird". Es scheint also eher ein massiver Arbeits- und weniger ein Arbeitskräftemangel zu herrschen. Man kann sich des Eindrucks nicht erwehren, dass hier eine interessensgeleitete Phantomdebatte auf dem Rücken und zum Nachteil der Arbeitnehmer ausgetragen wird.

Phantomdebatte auf dem Rücken der Arbeitnehmer. Wenn der Fachkräftemangel tatsächlich ein Sprengsatz ist, warum bedient man sich nicht bei den mehr als zwei Millionen unfreiwilligen Teilzeitkräften? Was ist mit den Niedriglöhnern, von denen laut Institut für Arbeit und Qualifikation (IAQ) knapp 80 Prozent eine Ausbildung oder sogar ein Studium abgeschlossen haben? Schließlich ist da auch noch rund eine Million Arbeitslose, die älter sind als 50 Jahre. Wir haben rund 2,8 Millionen offiziell gemeldete Arbeitslose und 440.000 unbesetzte Stellen. Das Verhältnis beträgt vier zu eins. Sind unter den insgesamt 3,3 Millionen Arbeitsuchenden nicht wenigstens zehn Prozent, die auf offene Stellen passen? Es scheint also eher ein massiver Arbeits- und weniger ein Arbeitskräftemangel zu herrschen. Man kann sich des Eindrucks nicht erwehren, dass hier eine interessengeleitete Phantomdebatte auf dem Rücken und zum Nachteil der Arbeitnehmer ausgetragen wird. (November 2013)

28. Geschäftsmodell „Ich"
Der Mensch als Blickfänger

Eine gute Leistung ist heute zwar wichtig, reicht aber nicht mehr, um wahrgenommen zu werden und Erfolg im Beruf zu haben. Wie beim Produktmarketing muss Leistung genauso effektvoll verkauft werden wie ein Konsumprodukt. Der Mensch markiert sich, um so zur Marke zu werden. Das, was früher Selbstdarstellung oder Eigenwerbung hieß, trägt heute Titel wie Selbstmarketing, Human Branding, Selbst GmbH und Jobility. Die Mediengesellschaft nötigt einen, über die gekonnte Verpackung seiner Persönlichkeit nachzudenken und sich wirkungsvoll wie ein Eyecatcher zu designen. Menschen inszenieren sich, um Nachfrage nach sich selbst zu erzeugen. Auffallen oder durchfallen. Man ‚gibt sich nicht', man präsentiert sich. Persönlichkeitscoaches bieten ihre Dienste an, wenn es darum geht, die Fassade zu polieren und anderen zu imponieren, oder anders ausgedrückt: Seine ‚Ich-Aktie' zu performen. Der zeitraubende Reifungsprozess der Persönlichkeitsbildung wird durch Techniken des Personaltunings, durch rhetorisches Blendwerk und ein zwanghaft wirkendes Dauerlächeln ersetzt. Der nach außen gerichteten Identität fehlt es an Authentizität. Manche Menschen wissen schon gar nicht mehr, was ihre Identität ist, ob sie eine oder viele oder gar keine haben, schrieb der jüngst verstorbene FAZ-Herausgeber Frank Schirrmacher.

Identität ohne Authentizität. Mit der passenden Kleidung möchte man möglichst jugendlich und sportlich wirken, ist charmant, ein guter Small-Talker und immer zu einem Scherz aufgelegt. Der Sinn des Lebens besteht in der Arbeit und nichts als Arbeit. Die wichtigsten Utensilien sind das Handy, der Laptop und das I-Phon. Man ist leistungsfähig und –willig. Auch nach einem Zehnstundentag sieht man immer noch gut aus, den Rest besorgt das – zumeist wirkungslose – Work-Life-Balance-Training.

Wir alle spielen Theater. So wie sich selbständige Dienstleister extern vermarkten, müssen sich Arbeitnehmer im Unternehmen drapieren, ihre Wichtigkeit demonstrieren, um als High-Performer oder High-Potential zu gelten. Schon vor mehr als 50 Jahren schrieb der Sozialwissenschaftler Erving Goffman ein Buch mit dem Titel „Wir alle spielen Theater". Darin vergleicht er Unternehmen mit Bühnen und Belegschaften mit Ensembles.

Er meint, so seine Kernaussage, dass wir nicht nur auf einer, sondern auf mehreren Bühnen spielen. Wir gehören also verschiedenen Ensembles an. Für jedes Ensemble gibt es ein ‚back stage'. Hier, im vertraulichen Kollegenkreis, wird der Chef, dem man auf der Bühne mit Respekt begegnet, als Vollidiot betitelt. Der Verkäufer mit den schönen Werbegeschenken ist ein Schwätzer und König Kunde ein Meckerbolzen. Hier geht es normal und ungezwungen zu. ‚Auf der Hauptbühne', vor Publikum, Kunden, Vorgesetzten, Controllern oder Verkäufern, wird möglichst perfekt gespielt, so, wie es in Arbeitsanweisungen oder im Firmenleitbild steht. Man ist schließlich eine Art Visitenkarte des Unternehmens.

Auch Teamwork ist oft nichts anderes, als eine gelungene Art von ‚Tiefenschauspielerei', meint der Arbeitswissenschaftler Gideon Kunda. Mitarbeiter spielen Teamwork vor, wenn die Chefs im Zuschauerraum sitzen, brüsten sich aber hinter der Bühne mit ihrer persönlichen Leistung. Der Teamgeist erlischt, wenn die Schuldfrage bei Misserfolgen gestellt wird.

Im Industriezeitalter hatte der Mitarbeiter an der Maschine außer kräftigen Muskeln visuell nichts einzusetzen, was an Selbstmarketing erinnert. Heute werben Mitarbeiter im Internet für sich wie für eine Ware. Die eigene Person ist das Geschäft. Sie ist Produkt und Werbeagentur zugleich, eine Symbiose aus Verkäufer und Produzent. Das Geschäftsmodell „Ich" wird heute global beworben und angeworben und ist die Beute im Jagdrevier der Personalberater. (Oktober 2013)

29. Selbstbedienungswirtschaft 4.0
Arbeit mit Zukunft oder Zukunft ohne Arbeit?

Schon 1939 warnte John Maynard Keynes vor einer Krankheit, die er „technologische Arbeitslosigkeit" nannte. 1994 erneuerte der renommierte US-Publizist Jeremy Rifkin diese Warnung. In seinem Buch „Das Ende der Arbeit und ihre Zukunft" vertrat er die These, dass Arbeitslosigkeit kein konjunkturelles Phänomen mehr, sondern eine Begleiterscheinung des technologischen Wandels sei. Produktion und die Produktivität steigen, aber die Arbeitsplätze werden abgebaut, selbst in China.

Warnung aus dem MIT. 2013 traten Andrew McAfee und Erik Brynjolfson vom Massachusetts Institute of Technology (MIT) an die Öffentlichkeit und erklärten, die digitale Revolution würde mehr Jobs vernichten als sie neue schaffe. Die Ökonomen warnten vor tektonischen Verschiebungen in der Arbeitswelt. Davon seien nicht nur die Menschen am Fließband betroffen, sondern zunehmend auch Dienstleister. Der Kunde nimmt der Wirtschaft die Arbeit ab, sei es an den Tanksäulen, bei Online-Überweisungen, beim Bezahlen an den neuen Self-Scannerkassen, beim Fahrkartenverkauf oder an den DHL-Abholboxen. Zugleich wurden und werden immer mehr konsumorientierte Serviceleistungen durch Eigenarbeit ersetzt. Die Waschmaschine ersetzte die Wäscherin und die Werkzeuge aus dem Baumarkt ersetzen den Handwerker. Aus dem ‚Spiel zwischen Personen' (Daniel Bell) wurde ein ‚Spiel zwischen ‚Person und Automat'. Der englische Sozialwissenschaftler Jonathan Gershuny schlug schon 1980 vor, den Begriff Dienstleistungsgesellschaft durch „Selbstbedienungsgesellschaft" zu ersetzen.

Gershuny konnte nicht ahnen, dass sich der Terminus Selbstbedienungswirtschaft seit der Jahrtausendwende immer mehr bestätigt, jedoch in anderer Form als von ihm vermutet. Der Kunde muss der Wirtschaft die Arbeit abnehmen, sei es an den Tanksäulen, bei (online-)Überweisungen, beim Bezahlen an den neuen Self-Scannerkassen.

Der Endverbraucher wirkt mit. Da die ‚Kostenkrankheit' (William Baumol) immer mehr Serviceanbieter mit der Folge steigender Preise infiziert, steigen Konsumenten auf die preislich günstigen Industrieprodukte für Küche und Hobbywerkstatt um. ‚Do it yourself' lautet das Motto. Dienstleister sind die Verlierer, Baumärkte die Gewinner. Wer absolut nicht mit Hammer und Zange umgehen kann, der nutzt das Angebot der Schattenwirtschaft.

Industrie 4.0 und die Folgen. Und heute? Deutschland macht sich auf den Weg in die „Industrie 4.0". Industriemanager denken das, was vor einigen Jahren noch undenkbar erschien: hochautomatisierte Fabriken, vernetzte Fertigungsstätten, in denen Produkte genauso auf den Kunden zugeschnitten werden wie früher beim Schreiner oder Schneider; sich selbst steuernde und regulierende Maschinen, Betriebsmittel und Lagersysteme; intelligente Produkte mit eigenem „Gedächtnis"; eine hochflexible Produktion mit dezentraler Produktionssteuerung. Nach den Produktivitätssprüngen durch Taylorismus und Lean-Produktion wird nun ein weiterer großer Schritt möglich. Mit etwa 30 Prozent wird der anvisierte Produktivitätsfortschritt taxiert.

Hat Arbeit noch eine Zukunft oder erwartet uns eine Zukunft ohne Arbeit? Natürlich wissen die genannten MIT-Forscher, dass die digitale Revolution weltweit neue Arbeitsplätze schuf. Arbeitssoziologen machen darauf aufmerksam, dass es immer Arbeit geben wird, solange es Menschen und sinnvolle Aufgaben gibt. Jede Arbeit brachte neue Arbeit hervor. Aber was ist, wenn auch die neugeschaffene Arbeit größtenteils informatisiert und automatisiert verrichtet werden kann? Viele IT-basierte Tätigkeiten sind im Endeffekt nichts anderes als Algorithmen. Je nach dem Grad ihrer Strukturierung können solche Jobs auch von einer Maschine erledigt werden. Aus dem Kampf Mensch gegen Technik könnte also die Technik als Gewinner hervorgehen. (Juni 2013)

30. YouTube als Fernlehrschule
Der Cyberspace als Hörsaal

Webinare haben sich auf der Grundlage von Web 2.0 als Plattform für Bildung und Weiterbildung etabliert. Sie sind trotz ihrer Kinderkrankheiten eine zukunftsträchtige Lehrform. Noch mehr Potenzial jedoch steckt in YouTube, das neben Wikipedia das weltgrößte Wissensangebot bietet. Neben Sport, Musik, Spielen, Gesundheit und anderen Kanälen stehen über 4.000 Kanäle des Themenbereiches „Wissenschaft und Bildung" zur Verfügung. Sehen wir uns den Bereich „Betriebswirtschaft" an. Darüber, wie viele Kanäle oder Videoclips es dazu gibt, existiert keine öffentliche Statistik. Doch allein zum Thema „Projektmanagement" bietet YouTube zirka 6.600 Videoclips an. Für „Marketing" sind es gar rund 6,2 Millionen, darunter knapp 3.200 allein zum Thema „Marketinggrundlagen".

Clip ersetzt Fernlehrbrief. Was früher der Fernlehrbrief war, könnte künftig der YouTube-Clip werden. Das Angebot dieser weltgrößten „Fernlehrschule" ist unerschöpflich. Sie muss nur als solche erkannt und genutzt werden. In der Masse trifft man auch auf die gewünschte Klasse. Lernhungrige können sich quasi „in der ersten Reihe" sitzend Vorträge von Nobelpreisträgern ansehen oder die gespeicherte Hochschulvorlesung einer Elite-Universität anklicken. Mit diesem Potenzial empfiehlt sich YouTube als Speicher, Lieferant und Transportkanal auch für Inhalte der betrieblichen Weiterbildung.

Leider zeugt es von keiner großen Kreativität unserer Personalentwickler, dass sie das gewaltige Potenzial der Lernplattform YouTube nicht nutzen. Sie bewegen sich vielmehr in den Denkschablonen von Seminar und Coaching. Bei freiberuflichen Referenten ist das verständlich, denn wer tritt seine gut honorierte Rolle schon gern an die Cyberdozenten ab. Weniger nachvollziehbar ist es bei angestellten Bildungsverantwortlichen, die zwar gern von Innovation reden, aber konventionell denken. Die digitale Revolution wird sie überrollen. Virtuelle Klassenräume könnten innenarchitektonisch und lernpsychologisch aufgerüstete Seminarräume verdrängen. Der Vorteil des Lernens am „YouTube-Buffet" gegenüber Webinaren besteht in der zeitlichen Ungebundenheit. Das Webinar beginnt zu einem festen Zeitpunkt. Wer nicht teilnehmen kann, versäumt möglicherweise wichtige Lehrinhalte. YouTube steht Tag und Nacht zur Verfügung. Beim Webinar muss der Lernende den vom Lehrer gewollten Themenablauf akzeptieren. Beim „YouTubinar" kann er das Video beliebig oft abspielen. Die Teilnehmer sind weitgehend frei, die Reihenfolge von Themen zu bestimmen.

Cyberspace als Hörsaal. Lernen mittels Videoclips ermöglicht, den Lernprozess den persönlichen Anforderungen und Umständen anzupassen. Auch der Landwirt in der Uckermark kann sich jetzt an langen Winterabenden onlinebasiert weiterbilden, ohne zeitraubende Anfahrtswege in Kauf nehmen zu müssen. Der Cyberspace ist der Hörsaal. E-Learning bietet sich gerade in Phasen des Rotstifts als kostengünstige Alternative zum traditionellen Präsenzseminar an. Die hohen Kosten für die An- und Abreise der Teilnehmer und gegebenenfalls Hotelunterbringung nebst Verpflegung entfallen. Das Kostenargument wird, wie so oft, das Qualitätsargument schlagen. Die Abwesenheit von der Arbeit verteilt sich auf mehrere Einzelstunden, nicht aber auf volle Seminartage. E-Learning ist bei Bedarf schnell realisierbar, während ein Seminar in der Regel einen längeren Planungsvorlauf erfordert. „YouTubinare" sind also ein unentdeckter Schatz. Wird er gehoben, hat er eine große Zukunft. (September 2013)

31. Motivationskonfusion
Zum Wert von Motivationsstudien

Alle Jahre wieder werden Deutschlands Unternehmer und Manager von Horrorzahlen des Gallup-Instituts aufgescheucht. Gut zwei Drittel der Arbeitnehmer sollen innerlich abgeschaltet haben und nur noch Dienst nach Vorschrift machen. Andere Personaldienstleister, zumeist global agierende Unternehmensberatungen, schicken ihre Motivationsbefunde hinterher, um sich bei der Kundschaft in Erinnerung zu bringen oder als Problemlöser für eventuelle Motivationsdefizite anzubieten. Die Ergebnisse dieser Studien animieren zu einer vergleichenden Metaanalyse. Das Fazit lautet: Konfusion statt Klarheit! Wer solche Studien zur Grundlage strategischer Personalpolitik im Sinne von Arbeit 2.0 macht, setzt auf die falsche Karte.

Der jährliche Gallup-Schocker. Beispiel Engagement: Nach der 2012er-Untersuchung von Gallup leisten 61 Prozent der Mitarbeiter Dienst nach Vorschrift. Nur 15 Prozent haben eine positive Bindung an das Unternehmen. Ganz anders hingegen Forsa: Laut der Gesellschaft für Sozialforschung gehen 88 Prozent gerne zur Arbeit. Und die amerikanische Personalberatung Hewitt will 52 Prozent „hoch engagierter und motivierter Mitarbeiter" festgestellt haben.

Beispiel Loyalität: Die Gallup-Studie geht von einer hohen Wechselbereitschaft deutscher Arbeitnehmer aus. Ganz anders klingt es beim Beratungsunternehmen Towers Perrin. Dort spricht man von bemerkenswert vielen loyalen Mitarbeitern in Deutschland. Fast die Hälfte habe kein Interesse an einem Arbeitsplatzwechsel. Nach einer Untersuchung des Marktforschungsunternehmens Psychonomic AG erklärten 77 Prozent von 37.000 befragten Arbeitnehmern, noch in fünf Jahren bei ihrem derzeitigen Unternehmen arbeiten zu wollen.

Beispiel Anerkennung: Viele Forscher schrieben dem Motivator „Anerkennung" die größte Wirkung auf die Leistungsbereitschaft von Mitarbeitern zu. So auch die „Initiative Neue Qualität der Arbeit" in ihrer Motivationsstudie. Doch andere Analysen kommen zu anderen Erkenntnissen. Der Online-Vermittler monster.de etwa befragte 28.000 Amerikaner und Europäer. Davon nannten geringe 19 Prozent die Anerkennung als Motivator. In einer Forsa-Studie wiederum rangieren Respekt und Anerkennung nur auf Platz vier. In der Motivationsstudie von Towers Perrin sucht man nach dem Motivator „Anerkennung" gar vergeblich.

Beispiel Gehalt: Der Begründer der empirischen Motivationsforschung, F. Herzberg, hatte Geld als Demotivator (dissatisfiers) erkannt. Ist die Bezahlung schlecht, wächst die Unzufriedenheit. Ist sie aber gut, mündet das nicht zwangslogisch in Leistungssteigerung.

Ganz anders die Hewitt-Studie: Sie positioniert Vergütung auf Platz zwei der Motivationsfaktoren. Auch in der Studie von monster.de steht das liebe Geld mit 31 Prozent an zweiter Stelle der Motivatoren. In der Forsa-Studie werden sechs Hauptmotivatoren genannt. Das Gehalt ist nicht darunter. Wer hat Recht?

Alte Motivatoren = neue Motivatoren. Die Motivationsstudien werfen mehr Fragen auf, als dass sie Antworten geben. Der Praktiker ist darum gut beraten, sich weiterhin auf die üblichen Mittel und Wege der Motivation zu verlassen, bevor er sich im Wirrwarr widersprüchlicher Aussagen verfängt und vor lauter Reflexion nie zum Motivieren kommt. Information und Kommunikation, Lob und Anerkennung, Zielvereinbarung, Übertragung von Verantwortung, echtes Interesse am Mitarbeiter, Verständnis und Fürsorge waren die Rezepte von gestern, sind die von heute und sicherlich auch noch die von morgen. Wenn dann noch Wörter wie „bitte" oder „danke" und ein freundliches Lächeln hinzukommen, braucht es kein geplantes Motivationsmanagement, wie es von einigen Studien empfohlen wird. (August 2013)

32. Change Management
Eine undefinierte Begriffshülle

Mächtige Kräfte bewegen unsere Welt. Die gesellschaftlichen Schaltpläne werden neu geschrieben, die Weltwirtschaft neu geordnet. In dieser Etappe der gesellschaftlichen Turboevolution müssen sich Unternehmen und Organisationen im Interesse ihres Überlebens intensiv mit Fragen des sozialen und ökonomischen Wandels beschäftigen. Als Folge hiervon entstand das, was man heute ‚Change Management' nennt.

Beliebigkeitskonzept. Was aber ist Change-Management? Wer eine eindeutige Begriffsklärung oder Gebrauchsanleitung für das Sujet ‚Change-Management' sucht, wird enttäuscht. Der Grund: Es handelt sich um ein Beliebigkeitskonzept, das jeder Berater oder Trainer mit dem Blickwinkel aus seiner Themennische füllt. Der Begriff Management impliziert eigentlich ein systematisches Vorgehen, wie man es vom Qualitäts-, vom Projekt- oder Risikomanagement her kennt. Diese Systematik sucht man beim Change Management vergeblich, da dieser Containerbegriff beliebig mit Inhalten gefüllt wird.

Doch diese Beliebigkeit schafft Verwirrung. Der Interessent fragt: Welches Instrument ist das richtige, welches die passende Vorgehensweise? Evaluierte Studien zu relevanten Change-Management-Projekten gibt es nicht. Doch welcher Berater kann den in der Literatur unterstellten Change-Verlauf vom Schock der Bekanntgabe bis hin zur Einsicht und Verhaltensintegration nachweisen? Das Ergebnis ist wohl eher ein Sichfügen, weil Mitarbeiter gar keine andere Wahl haben. Ist also das, was oft als notwendig ausgegeben wird, wirklich notwendig? Und wer entscheidet darüber?

Die Aufgabe des 'Change-Managers' besteht darin, Menschen, Informationen, Ressourcen und Prozesse zielgerichtet zu steuern, um Veränderung oder Anpassung zu bewirken. Der Schwerpunkt gilt dabei dem Human Resources Management, denn Veränderungen stoßen auf Widerstände, bewirken Ängste und Lernblockaden. Aber ohne das Mitwirken der Mitarbeiter sind keine Veränderungen möglich.

Projektmanagement + Sozialarbeit. Change Management als solches gibt es nicht. Die Begriffshülle eignet sich nur wenig, um konkrete Projekte zu beschreiben wie etwa ein Six-Sigma-Projekt, den Umbau der Organisation oder die Verlagerung eines Unternehmens. Was auch immer geschieht – am Ende steht ein klassisches Projekt. Was dann noch als Change Management übrigbleibt, erweist sich oft als betriebliche Sozialarbeit, manchmal als Schmierstoff für die Prozessentwicklung oder schlimmstenfalls als Placebo. Der Begriff Change Management ist wohl zu diffus, um ihn zum Gegenstand wissenschaftlicher Theoriebildung machen zu können. In diesem Begriffscontainer finden sich Bruchstücke verschiedenster Provenienz: Konflikttheorie, Innovationsmanagement, Gruppendynamik, Supervision, Moderation, Coaching oder Systemtheorie. So, wie ein Orchestermusiker nicht auf allen Instrumenten spielen kann, verfügt auch der Changemanager nur über ein begrenztes Repertoire. Gegenstand sind Gefühlsprozesse und die Erlebnisphänomene der Betroffenen. Doch ist es ethisch legitim, Gefühle von Menschen im Interesse ihrer produktiven Vermarktung zu managen? In bester tayloristischer Manier, bei der der Mensch der Maschine angepasst wurde, wird er jetzt der Organisation angepasst, nicht etwa umgekehrt.

Ein wirksames Veränderungsmanagement setzt voraus, dass das Attribut „Management" zur Disposition gestellt wird, denn es basiert auf einem Führungsverständnis, bei dem der Mitarbeiter als formbares Objekt der Veränderung gesehen wird. Die auf uns zukommenden Veränderungen im Übergang von der Industriehin zur Wissensgesellschaft sind aber nur möglich, wenn der Mitarbeiter als Subjekt des Wandels gesehen und eingesetzt wird. (Juli 2013)

33. Last und Lust der Dienstreise
Die Folgen von Überallarbeit

Mitarbeiter wechseln Projekte, Teams und Unternehmen. Der Laptop ist Schreibmaschine, Telefon und Aktenschrank gleichermaßen. Mal wird im Büro, mal im ICE gearbeitet, dann wieder im Hotel, und oft nach 18 Uhr in den eigenen vier Wänden. Arbeitsplatz und Wohnstätte verlieren ihre ursprüngliche Zweckbestimmung. Es herrscht „Überallarbeit". Ohne Mobilität würde die Wirtschaft nicht mehr funktionieren.

Lust der Dienstreise. Weil im „Hyperwettbewerb" Kundenservice immer wichtiger wird, muss gereist werden: Anlagen in Betrieb nehmen, warten und reparieren, Software installieren oder Beratungen und Schulungen durchführen. Gereist wird zu Messen, Seminaren und Kongressen, zu Betriebsstätten, Filialen und Tochterunternehmen. Dienstreisende sind gefragte Repräsentanten ihres Unternehmens, müssen sich in den Kunden einfühlen, Angebote präsentieren, smalltalken, Konditionen verhandeln und geschäftsfördernde Beziehungen aufbauen. Sie handeln auf unbekanntem Terrain, müssen auf Unvorhergesehenes reagieren und Entscheidungen treffen, die ihnen sonst ihr Vorgesetzter abnimmt. Wer dienstlich auf Reisen geht, tut das mit einer Portion Vertrauensvorschuss im Gepäck, denn er bewegt sich außerhalb des Kontrollbereichs des Vorgesetzten. Endlich dem täglichen Einerlei im Büro entfliehen, neue Eindrücke sammeln – fast wie im Urlaub. Dazu noch neue soziale Kontakte knüpfen, die nicht nur fürs Geschäft nützlich sind, sondern vielleicht auch für einen neuen Job.

Last der Dienstreise. Doch auch das sind Dienstreisen: Leben aus dem Koffer, Stammgast in Hotels, Staus, Zug- und Flugverspätungen. Ständiges Reisen beeinträchtigt das Engagement im Sportverein, die Stammtischfreundschaften und das Engagement im Lions Club. Und dann das Handy: Der Tempomacher bleibt natürlich permanent auf Empfang, am besten mit dem

Stöpsel im Ohr. Noch spät abends wird der Tagesbericht geschrieben und an die Zentrale gemailt. „Eine virtuelle, von uns selbst geschaffene Macht gibt inzwischen das Tempo vor. Wir passen uns an. Sie katapultiert uns aus der Gegenwart, sie hat die innere Uhr ersetzt. Die Gegenwart stirbt im Takt des Tastendrucks", schrieb Stefan Berg 2011 auf Spiegel-Online.

Wie wahr: Demnächst werden Dienstreisende wohl übers Firmenhandy geortet und die Zentrale gibt noch während der Reise neue Besuchstermine oder Aufträge in den an den Firmenserver angedockten Laptop ein. Selbst der Vertrauensvorschuss kann so zum Stressor werden. Dabei würde der Job-Traveller nur allzu gern sein Engagement zeigen, beweisen, dass das in ihn gesetzte Vertrauen gerechtfertigt ist. Doch niemand bekommt die freiwilligen Überstunden mit, und was zum Teufel fängt man nur mit der dreistündigen Siesta an?

Geschäftsreisen wirken zwar bereichernd, aber auch belastend, vor allem, wenn man aus dem Koffer lebt, ständig in Hotels nächtigt, wegen Verkehrsstaus, Zug- oder Flugverspätung zur Untätigkeit gezwungen ist und erst freitags wieder in den Kreis der Familie oder Freunde zurückkehrt. Die ‚eigentlichen' Arbeiten bleiben dann liegen und sind unter hohem Zeitdruck nachzuholen. Für berufstätige oder gar alleinerziehende Mütter ist ständiges Unterwegssein ein organisatorisches Problem der besonderen Art. Die Mitarbeiterin ist gedanklich zweigeteilt und muss Kind/Familie dem Arbeitsauftrag nachordnen.

Solche Lasten einer Dienstreise werden in der Regel nicht thematisiert, schließlich gehört Mobilität zum modernen Kapitalismus dazu. Dienstreisen sind längst kein Privileg mehr. Sie sind auf dem besten Weg, ihren exklusiven Status und damit ihren Reiz zu verlieren. Erschwerend kommt der Kostendruck hinzu. Dienstreisen werden kürzer, mehr Termine sind abzuarbeiten, statt in der ersten Bahnklasse wird nunmehr ‚zweitklassig' gereist, und das B&B-Hotel als ausreichend für die Hotelübernachtung gebucht. (Mai 2013)

34. Start up mit stop down
Entrepreneur oder Prekärpreneur?

Viele Berufseinsteiger oder Berufstätige versuchen ihr Glück in der Selbständigkeit. Sie wollen der „Zwangsjacke" der beruflichen Abhängigkeit entgehen und ihr eigener Herr sein. Im Normalarbeitsverhältnis existiert ein klares Oben und Unten, arbeitsrechtlich konkretisiert durch die Begriffe Weisungsrecht und Gehorsamspflicht. Doch im Falle der neuen Selbständigkeit stehen sich, rein formal betrachtet, zwei „gleichwertige" Unternehmer gegenüber, also im Zweifelsfall der kleine Selbständige und der mächtige Konzern als Anbieter und potenzielle Kunde. Diese Gleichwertigkeit jedoch entpuppt sich bei genauerem Hinsehen als die „Freiheit der Unsicherheit", so der Soziologe Ulrich Beck.

Die neuen Solo-Selbständigen stellen mittlerweile die Hälfte der rund vier Millionen Selbständigen. Ihr bisheriges Wachstum war eine Folge des Wachstums des Dienstleistungssektors. Mittlerweile ist dieser Trend eingebrochen. Was sind die Ursachen? Natürlich spielt die relativ stabile Beschäftigtensituation eine Rolle, da Notgründungen weniger werden, aber immer noch einen Anteil von 30 Prozent haben. Andererseits ist der Sprung in die Selbständigkeit keine Garantie für ein besseres Leben.

Prekäre Existenzen. Unternehmer gehörten in den Jahren des Wirtschaftswunders zu den Besserverdienenden. Im Gegensatz dazu führen viele Solo-Unternehmer eine fast prekäre Existenz. Sie kassieren Hungerlöhne statt Unternehmerlöhne. Wie schlecht es der Gruppe von „selbständigen" Einzelkämpfern geht, belegt die Steuerstatistik: Von den rund 4 Millionen Selbstständigen sind 1,35 Millionen von der Umsatzsteuer befreit, da ihr Jahresumsatz unter 17.000 Euro liegt. 200.000 Deutsche sind nicht krankenversichert – fast alle davon sind Selbständige.

Nach einer Studie der Hans-Böckler-Stiftung hat deutlich mehr als die Hälfte der neuen Selbständigen weniger Einkommen als im letzten Beschäftigungsverhältnis. Nur wenige Existenzgründer gehören zu den Gutverdienern. Die meisten fristen Kümmerexistenzen. Viele dieser neuen Selbstständigen befinden sich in einem Scheinarbeitsverhältnis. Das ist dann gegeben, wenn sich der Selbstständige in einem wirtschaftlichen Abhängigkeitsverhältnis zum Auftraggeber befindet. Die unternehmerische Freiheit erweist sich hier als Vogelfreiheit oder auch als eine moderne Form des Tagelöhnertums.

Kleineres Übel statt guter Chance. Die Selbständigkeit ist für viele Neu-Entrepreneure eher das kleinere Übel als die gute Chance. Sie sind eine „Sowohl-als-auch-Mischung" aus Tagelöhner und Subunternehmer. Sie sitzen nicht mehr in Büros, sondern am häuslichen Schreibtisch, oder dank ihrer Ankoppelungsflexibilität und Mobilität mal in diesem, mal in jenem Unternehmen.

Was die Qualität der Gründungen angeht, so sind diese laut Kreditanstalt für Wiederaufbau (KfW) nur zu 15 Prozent als innovativ einzustufen. Nur 2 Prozent der Existenzstarter gründen im Bereich des verarbeitenden Gewerbes, aber 83 Prozent im Dienstleistungssektor. Die KfW spricht von einem hohen Anteil an Versicherungs- und Finanzdienstleistern im Vollerwerb und vermeldet, dass drei Jahre nach einer Gründung ein Drittel der Gründungsprojekte wieder beendet sind. Im weiteren Verlauf bricht mehr als die Hälfte der Neo-Entrepreneure ab.

Gründungswelle als Nullsummenspiel. Das Ergebnis aus Neugründungen und Pleiten ist letztendlich ein Nullsummenspiel. Vor allem deshalb, weil „die große Mehrheit der Gründer (knapp 62 Prozent) nicht-innovative Produkte und Dienstleistungen in nicht wissensintensiven Branchen anbietet", so die KfW. Aus anderer Quelle ist zu erfahren, dass schon rund 18 Monate nach einer mit Überbrückungsgeld angeschobenen Finanzierung 30 Prozent der Gründer wieder aufgegeben hatten. Aus dem Schmied des Glücks wurde so der Schmied des Pechs. (Februar 2016)

35. Homeoffice in der Sackgasse
Kontroll- und Anwesenheitswahn als Hindernis

Das Büro ist eine Erblast der Industriegesellschaft, in der Arbeiten und Wohnen räumlich getrennt waren. Heute wird das stationäre Arbeiten mehr und mehr durch ein Überallarbeiten ergänzt. Die Voraussetzungen dafür schuf die Informations- und Kommunikationstechnologie. Arbeitsort und Arbeitszeit entkoppeln sich infolge von E-Work.

E-Work oder Homeoffice bezeichnen jene Form von Arbeit, die mittels moderner Informations- und Kommunikationstechnologie ganz oder zeitweise außerhalb des Unternehmens erbracht wird, wobei man sich die Zeit frei einteilen kann. Eine Verbindung des Homeoffice-Arbeitsplatzes mit dem Unternehmen wird dabei über das Internet und sonstige elektronische Kommunikationsmittel sichergestellt. Diese Arbeitsform eignet sich für alle Tätigkeiten, die am Computer erbracht werden – und das werden immer mehr. Es gibt kaum noch Arbeitsgebiete, die nicht zumindest teilweise für Homeoffice geeignet wären.

Homeoffice-Illusionen. 2008 veröffentlichte das Frauenhofer-Institut für Arbeitswirtschaft und Organisation eine Studie zur Zukunft der Telearbeit. Danach sollten bis 2013 etwa 13,3 der 40 Millionen abhängig Beschäftigten diese Form der Arbeit praktizieren. Doch 2014 meldete die amtliche Statistik einen sich über Jahre hinziehenden Rückgang auf etwa drei Millionen Homeworker. Der Trend zum Homeoffice erwies sich als Illusion.

Wie so oft erwiesen sich Prognosen im Bereich der Zukunft der Arbeit als zu optimistisch. Überhaupt sind Zahlen in diesem Bereich mit Vorsicht zu genießen, denn Telearbeit wird unterschiedlich definiert und demzufolge unscharf beschrieben. In einigen Studien werden nur die klassischen Telearbeitsplätze gezählt, in anderen aber alle Formen mobiler Arbeit. Legt man diesen Ansatz zugrunde, dann müßten auch all diejenigen Führungskräfte berücksichtigt werden, die nach Feierabend nochmals auf ihr Smartphone schauen und E-Mails beantworten.

Was die Gründe für den Rückgang des Interesses am Arbeiten von zu Hause aus sind, ist nicht eindeutig geklärt. Der Anwesenheitswahn der Vorgesetzten gilt als das größte Hindernis. In vielen Studien ist zu lesen, dass Führungskräfte einen immensen Kontrollverlust befürchten, wenn ihre Mitarbeitenden fernab des Büros arbeiten. Das ist nach Meinung der Forscher des EU-Projekts „eGap" der Grund, warum viele Unternehmen beim Homeoffice eher auf die Bremse treten.

Doppelstress im Homeoffice. Aber auch Mitarbeitende erkennen, dass das Arbeiten von heimischen Wohnzimmer aus nicht so attraktiv ist, wie es dargestellt wird. Sie können bei Problemen keine Kollegen zu fragen oder Ideen auszutauschen. Ihnen fehlt ein unmittelbares Feedback bei guter Leistung. Bei Unwohlsein oder Krankheit legen sich Homeworker hin oder arbeiten mit gebremstem Schaum weiter. Hinzu kommt die Sorge vor Karriereeinbußen infolge der Abwesenheit vom Büro. Das Homeoffice ist also nicht das bequeme Sofa mit dem Laptop auf dem Schoß, sondern ein Ort des Doppelstresses: Homework plus Familywork.

Ob und inwieweit sich die Arbeit im Homeoffice weiterentwickelt, wird von Experten unterschiedlich bewertet. Die reine Tele-Heimarbeit in Form einfach strukturierter Daten- oder Texteingabe hat keine Zukunft. Sie ist eine vorübergehende Erscheinung und ein weiterer Schritt hin zur informatisierten Maschinengesellschaft. Diese Art von Arbeit erledigen zukünftig Lesegräte oder andere technische Hilfsmittel.

Schon einmal, Anfang der 1990er Jahre, wurden Videokonferenzen und E-Learning heiß gehandelt – kühlten dann aber merklich ab. Beide Themen verloren im Laufe der Zeit ihre Strahlkraft. Dieses Schicksal könnte auch der ‚Arbeit von daheim' aus drohen. (März 2016)

36. Das Internet der Dinge
Wie der Mensch zum Ding wird

2014 nutzten 2,95 Milliarden Menschen weltweit das Internet. Die Zahl der vernetzten Geräte wird bis 2020 von 25 auf 50 Milliarden steigen. Auch die Grenze von 4,3 Milliarden möglichen IP-Adressen wird bald schon erreicht, und das heutige Übertragungsverfahren weicht einem leistungsfähigeren, das 340 Sextillionen IP-Adressen ermöglicht. Eine Sextillion ist eine Zahl mit 36 Nullen. Daraus folgt: Jedes Ding unserer Umwelt kann mit einer IP-Kennung ausgestattet und mit anderen Dingen vernetzt werden. Das ist eine der Voraussetzungen, um das Internet der Dinge auf Touren zu bringen.

Das Internet der Dinge besteht nicht mehr nur aus Menschen, sondern aus Dingen. Schon jetzt werden Dinge des täglichen Lebens mit „intelligenten" und interaktionsfähigen Mikrochips ausgestattet, die uns Menschen unmerklich bei unserer Arbeit unbemerkt unterstützen. Den meisten Menschen ist nicht bewusst, dass dieses ein Teil des Internets der Dinge ist, selbst dann nicht, wenn sie Sportarmbänder mit Datenübertragung tragen oder sich über den Verlauf ihres Pakets auf der Homepage von Hermes informieren. Die Vernetzung erfolgt durch Radio Frequency Identification (RFID), Strichcodes und Sensoren. Soweit sie mit- und aufeinander wirken, spricht man von einem „Cyber Physical System". Dabei wird eine gigantische Datenmenge, Big Data, generiert, das, was Al Gore als Weltgehirn bezeichnet.

Neue Jobs durch Big Data. Verbunden mit extrem hoher Rechnerleistung ermöglicht Big Data einzigartige Analysemöglichkeiten, die enorme Produktivitätsschübe bringen und Lebensweisen verändern. Für das Handling dieser Datenmenge benötigen allein die USA mindestens 200.000 Daten-Analysten. Hinzu kommen laut McKinsey etwa 1,5 Millionen Daten-Trader, welche die aus dem Internet der Dinge geschöpften Daten verwerten, formatieren und damit Handel treiben.

Die Funktionsweise des Internets der Dinge zeigt sich bei meinem E-Book-Reader „Kindle". Die gewählten Titel, meine Unterstreichungen, die übersprungenen Seiten und die Lesedauer werden an die Amazon-Zentrale weitergeleitet, dort zu Datenpaketen aufbereitet, um sie an interessierte Konzerne zu verkaufen. Diese unterbreiten mir zu meinem Profil passende Angebote. Hier wird zugleich ein neuer Weg realisiert, die Gesetzmäßigkeiten menschlichen Handelns an der Wissenschaft vorbei zu erforschen. Überwachungsmärkte sind neben Überwachungsstaaten getreten.

Sensor is watching you. Sensoren, beispielsweise Codewort-Scanner, sind ein wichtiger Teil des Internets der Dinge. Sie sind das Auge, mit dem Vorgänge aus der realen in die virtuelle Welt gelangen. Wie ein Radar erfassen sie Bewegungen jedweder Art, registrieren Lebensgewohnheiten und nutzen diese, um Menschen mittels neuester Algorithmen zu beeinflussen und zu steuern. So sind etwa die Bewegungen von Mitarbeitern mit dem Handy in der Tasche durch den Werkschutz permanent überprüfbar. Wer sich im Netz bewegt, wird transparent. Die Verknüpfung mit dem Weltgehirn reduziert die Privatsphäre. Wenn selbst die Haustechnik, das Handy, das Auto, ja selbst der menschliche Körper via Internet der Dinge öffentlich werden, erhalten erwünschte und unerwünschte Datensammler rund um die Uhr Informationen zu unseren Lebensgewohnheiten und nutzen diese, um Menschen mittels neuester Algorithmen zu beeinflussen und zu steuern.

Niemand wird seine handygesteuerte Heizung oder Alarmanlage mit Kasperksky schützen. Cyberkriminelle werden nicht mehr den PC direkt angreifen. Sie gelangen über den Seiteneingang, beispielsweise den RFDI-gesteuerten Heizkostenverteiler, in den Rechner. Kaspersky berichtet von massenweisen Angriffen auf vernetzten Haushaltsgeräten. Auch ein Angriff auf das Stromnetz einer Stadt ist denkbar, so wie von Marc Elsberg in seinem Bestseller ‚Blackout' beschrieben.

Innovationsschübe durch das Internet der Dinge. Das Internet der Dinge und Big Data sind der nächste große Schritt in der Menschheitsgeschichte und mit der Erfindung des Buchdrucks und der industriellen Revolution vergleichbar. Das Internet der Dinge dringt wie ein wucherndes Rankgewächs in alle Nischen und Poren der Privat- und Arbeitswelt ein. Es wird zu einem Teil unseres Alltags und der Alltag zu einem Teil des Internets. Die virtuelle und die reale Welt verschmelzen. Damit wird sich auch die Verbindung zwischen Computer und Internet auflösen, denn Prozessoren, Sensoren und Netzwerktechnik sind allgegenwärtig. Wir gehen in das Zeitalter sich selbst steuernder Systeme. Dinge, die bisher auf die Steuerung durch Menschen angewiesen waren, bekommen eine Art Eigenleben.

Schon bald werden wir von Gegenständen umgeben sein, die ohne Unterbrechung Daten in die Cloud der Diensteanbieter, wie Google oder Facebook, senden. Diese erlauben vielfältige Rückschlüsse auf unsere Lebensweise und Konsumgewohnheiten. Der Mensch wird gläsern. Wollen wird das? Bisher gibt es kaum Gegenmittel.

Es stellt sich auch die Frage, ob und inwieweit der Kapitalismus als Produkt der Industriegesellschaft ein adäquater Ordnung- und Funktionsrahmen für die Herausforderungen der Digitalgesellschaft ist, oder ob er strikt zivilgesellschaftlich ausgerichtet werden muss, um die Möglichkeiten des Missbrauchs von Big Data einzuschränken. Wir müssen uns auf einen gewaltigen Zuwachs an Komplexität und damit an Unübersichtlichkeit einstellen. Das Internet der Dinge wird zu einem gewaltigen Innovationsschub führen, denn durch die Verknüpfung von Dingen werden neue Produkte, Dienstleistungen und Softwareprogramme entstehen. In Anlehnung an ein bekanntes Zitat von Aristoteles gilt: „Das Internet der Dinge ist mehr als die Summe seiner Teile." (August 2015)

Walter Simon

Kursbuch Strategieentwicklung

ANALYSE – PLANUNG – UMSETZUNG

manager *Edition*
magazin

37. Zur Kultur der Deutschen Bank
Der Fisch stinkt vom Kopf her

Die Deutsche Bank hat sich auf der Hauptversammlung im Mai 2013 einen Kulturwandel verordnet. Sie will sogar zur Vorreiterin für den kulturellen Wandel in ihrer Branche zu werden. Was meint sie damit? Das Geldhaus hatte schon vor Jahren wohlklingende Ethikkodizes verabschiedet und den Deutschen Corporate Governance Kodex für die Bank als verbindlich erklärt. Wie konnte es dennoch zu moralisch fragwürdigen Handlungen wie Libormanipulationen, Betrug mit Klimazertifikaten, Umsatzsteuermanipulationen und Verbriefungsgeschäften kommen?

Offensichtlich war das strategische Radar der Deutschen Bank falsch ausgerichtet, denn sonst hätte sie längst die vielen kritischen Signale aus dem Umfeld empfangen. Weil es keine empfangssensiblen Sensoren in den Chefetagen gab, misslang der strategische Fit, also die rechtzeitige Wahrnehmung und Einfügung strategischer Signale aus dem Umfeld in die Unternehmenspolitik.

Kosmetische Ethikproklamationen. Verstärkend kamen die diversen Ethikproklamationen hinzu, die, so wie in vielen anderen Unternehmen, dem Marketing und der Kosmetik dienen. Keiner der 100.000 Mitarbeiter kann auf die Frage nach dem Inhalt fundiert Auskunft geben. Der Begriff Unternehmenskultur wurde einem anderen Kulturkreis außerhalb der Kreditwirtschaft zugeordnet. Die vielen Kodizes wirkten nicht wirklich prägend auf die Unternehmenskultur.

Hier allerdings ist es wichtig, den Begriff Unternehmenskultur zu konkretisieren, denn die Deutsche Bank hat durchaus eine Unternehmenskultur, sogar eine, die vorzeigbar ist. Vieles ist auf der Habenseite zu verbuchen, so die alltägliche Mitarbeiterführung, die Identifikation der Mitarbeiter mit dem Unternehmen, die Unternehmenskommunikation und die betriebliche Sozialpolitik, um nur einige Beispiele zu nennen. Anders ausgedrückt: Die Binnenkultur ist kaum zu beanstanden. Das zeigt auch das Betriebs-klima. Dieses Gefühlsbarometer der Unternehmenskultur zeigt überwiegend Positivwerte an.

Zur Deutschen Bankgehören weltweit 3.000 Niederlassungen und Tochterbanken wie die Postbank, Sal. Oppenheim, Norisbank und die Berliner Bank. Diese diversen Filialen und Nebenbereiche haben keine unternehmenskulturellen Defizite, zumindest keine, die größer sind als in anderen Unternehmen. Das gilt ebenso für die tausenden Mitarbeiter in den IKT-Abteilungen und an den finanzindustriellen Fließbändern in Frankfurt-Eschborn. Den Vertrieb von fragwürdigen Produkten und Beihilfe zur Steuerhinterziehung kann man den Filialmitarbeitern und den Back-Office-Beschäftigten nicht anlasten, da sie die tiefere Struktur dieser Produkte kaum kennen und infolge der arbeitsrechtlichen Treuepflicht zum Vertrieb fragwürdiger Produkte verpflichtet sind. Diese Menschen haben die gleichen Wertvorstellungen wie Millionen andere Mitbürger. Sie sind unbeteiligt am Kulturproblem der Deutschen Bank.

Wo die Probleme wirklich liegen. Die jetzt öffentlich diskutierten Probleme betreffen eher die Geschäfts- und Vertriebskultur, also den Inhalt von Produkten und deren Verkauf. Wer die Ursachen erfahren will, sollte sein Interesse auf die Großdependancen der Bank in Frankfurt, London und New York und dort auf die Kommandozentralen und die strategisch tätigen Vertriebsabteilungen richten. Hier konstituiert sich die Geschäftskultur der Deutschen Bank mit ihren bankspezifischen Wertvorstellungen, Denkweisen und Verhaltensnormen. Hier gab es die unprofessionellen Kommunikationsauftritte wie Ackermanns Victory-Zeichen und Fitschens Beschwerde beim hessischen Ministerpräsidenten über den Polizeieinsatz in den Frankfurter Deutsche Bank-Türmen. Hier herrschte das große Schweigen zum Libor-Skandal.

Bekanntlich stinkt der Fisch vom Kopf her, auch bei den Nadelstreifenberufen. Der Kopf, das sind Top-Manager, die in der Bank beruflich sozialisiert wurden und das Denken ihrer Lehrmeister und die Gepflogenheiten der Branche übernommen haben. Man kann nur hoffen, dass sie sich von der Schwerkraft der Tradition und den Verlockungen des schnellen und leichten Geldes befreien. Insofern wäre es wichtig, dass der Bankvorstand den Begriff „Kulturwandel" mit Inhalten konkretisiert.

Das ‚sichtbar gelebte Wertesystem' ist ein grundlegender Erfolgsfaktor guter Unternehmensführung. Es darf aber nicht nur formuliert sein, sondern muss durch eine vorbildhafte Persönlichkeit an der Spitze geprägt werden. *„Der Führer als Werte-Gestalter muss ...Menschen beflügeln und begeistern können...Er vermittelt Werte durch Handlungen statt durch Worte"*, schreiben die Bestsellerautoren Peters und Waterman. Wo und wer ist dieser Werte-Gestalter in der Deutschen Bank?

Klare Linie statt Kulturwandel. Im Grunde wird weniger ein Kulturwandel als eine Reihe strategisch verbindlicher Entscheidungen zur Geschäftspolitik, zum Produktangebot, zu den Offshore-Leaks, zu verbrieften Hypothekendarlehn, zur Kreditvergabe an Kommunen, zu Nahrungsmittelspekulationen, zum Land-Grabbing und zu den Bonuszahlungen benötigt. Ein erster, aber nur sehr zaghafter Schritt wurde 2013 mit den Bonuszahlungen gemacht. Zugleich nahm die Deutsche Bank aber leider den Handel mit Agrarderivaten wieder auf, weil es angeblich „kaum Hinweise" auf einen Zusammenhang zwischen Hunger und Spekulation gebe. Dollarzeichen in den Augen trüben die Wahrnehmung.

Ergänzend benötigt die Bank ein neues Leitbild, in dem die wesentlichen Werte der Bank und der Soll-Zustand der Unternehmenskultur nach innen und außen kurz, präzise und verständlich kommuniziert werden. Kunden, Lieferanten, Aktionäre und an die Öffentlichkeit wollen wissen, welchen Weg die Deutsche Bank geht. Statt „Leistung aus Leidenschaft" sollte die zentrale Werbebotschaft zukünftig „Moral aus Überzeugung" lauten. (August 2013)

Walter Simon

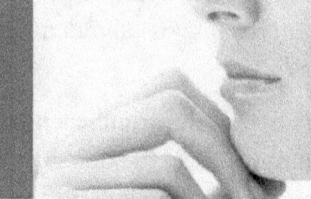

GABALs großer
METHODEN-
KOFFER
ZUKUNFT
Grundlagen und Trends

GABAL

38. Die Irrtümer des Jeremy Rifkin
Teilen oder besitzen?

„Die Null-Grenzkosten-Gesellschaft" lautet der gewöhnungs-bedürftige Titel eines vielbeachteten Buches. Autor: der US-amerikanische Soziologe und Ökonom Jeremy Rifkin. Grenzkosten, besser als Stückkosten vorstellbar, steigen beziehungsweise sinken durch die Produktion einer jeden zusätzlichen Einheit eines Produkts. Kann das Unternehmen täglich nur wenigen Produkt verkaufen, hat es hohe Grenzkosten, denn die Maschine könnte eigentlich mehr produzieren. Je mehr Produkte und je größer die Produktivität, um so geringer die Grenz- beziehungsweise Stückkosten. Handelt es sich um nichtmonopolistische Anbieter, sind sie gezwungen, ihre Kostenvorteile an die Kunden weiterzugeben, um ihre Marktanteile zu sichern. Ihre Profitabilität nimmt dabei aber so sehr ab, dass der Kapitalismus seinen Zweck der Kapitalverwertung nicht mehr einzulösen vermag. Er wird Opfer des technologischen Fortschritts und mit ihm die Jobs.

Vom Konsumenten zum Prosumenten. Macht aber nichts, meint Rifkin, denn die Menschen werden zu „Prosumenten", die ihren Bedarf in einer Art genossenschaftlicher Tauschwirtschaft selber produzieren und über das Internet distribuieren. 3D-Drucker werden zur Jedermann-Universalmaschine, die genauso zum Haushalt gehört wie die Bohrmaschine. Produzierende Massen statt Massenproduktion, so Rifkins Credo. Das „Internet der Dinge", so der Untertitel seines Buches, und die damit verbundene Sensorik wirken produktivitätssteigernd und somit grenzkostenminimierend. Mit dem Internet der Dinge ist die elektronische Vernetzung von Gegenständen des Alltags gemeint. In diesem Super-Internet verschmilzt das Kommunikationsnetz mit kostenlosen Energie- und vollautomatischen Logistiknetzen zu einem Megasystem. Es ist zugleich die infrastrukturelle Grundlage der Null-Grenzkosten-Gesellschaft.

„Collaborative Commons" verdrängen Unternehmen.
Dieser Prozess geht mit einem Bewusstseinswandel der Menschen einher. Minikraftwerke, überwiegend Solarzellen, liefern kostenlose Energie für den Eigen- und Fremdbedarf. An die Stelle von Unternehmen treten „Collaborative Commons", so wie es sie in vorkapitalistischen Zeiten schon einmal gab. Die Share Economy verdrängt kapitalistischen Privatbesitz. Zimmervermittler „Airbnb", Mitfahranbieter „Uber" und Car-Sharing sind erste Vorboten der neuen Wirtschaft. Rifkins gewagtes Credo lautet: Die Menschen wollen lieber teilen statt besitzen. Dieser neuen Art des Wirtschaftens liegt ein tiefgreifender Demokratisierungsprozess zugrunde. Menschen, denen alles zur Verfügung steht, orientieren sich neu. Sie bewegen sich vom Haben zum Sein, um es mit Erich Fromm auszudrücken. Dieser dritte Weg zwischen Kapitalismus und Sozialismus wird von einem tiefgreifenden gesellschaftlichen Erneuerungs- und Demokratisierungsprozess begleitet. Aber leider hat er bisher nirgendwo funktioniert.

Es wäre schön, wenn alles so käme, wie es Jeremy Rifkin ausmalt. Die Erfahrung zeigt aber, dass der privatwirtschaftliche Kleinkapitalismus mehr Motivationspotenzial in sich birgt als kollaborative Organisationsformen. Die Bank für Gemeinwirtschaft und die gewerkschaftseigene „Neue Heimat" sind zwei von vielen Beispielen, die Rifkins Thesen zuwiderlaufen. Was unterscheidet die genossenschaftlichen Volksbanken oder die Sparda-Bank von Privatbanken? Die Konditionen sind gleich und handverlesene Aufsichtsräte garantieren, dass alles im Sinne der Bankvorstände läuft.

Dass viele Startups auf Wachstum und Finanzinfusionen durch kapitalkräftige Interessenten hoffen, nimmt Rifkin kaum zur Kenntnis. Ich befürchte, dass die Share Economy letztendlich zu einer Total-Kommerzialisierung des Alltags führt. Leider fehlen auch Hinweise, wie Wein oder Steaks mittels 3-Drucker hergestellt werden sollen.

Alles schon vorgedacht. Das Problem abnehmender Grenzkosten wurde im marxschen Hauptwerk „Das Kapital" mit der Theorie des tendenziellen Falls der Profitrate eingehend analysiert.

Als Folge des technischen Fortschritts steigt der in Maschinen und Anlagen investierte Geldanteil eines Unternehmens. Um wettbewerbsfähig zu bleiben ziehen andere Unternehmen nach. Die teure Maschine wirkt nur kurz profitabel. Das aber zwingt Unternehmen zu einer weiteren Intensivierung (nach Marx Ausbeutung) der Arbeit, unter anderem durch weitere Technologien, mit denen Arbeitskraft ersetzt werden kann. Das hilft den Unternehmen zwar im Moment, hält aber den tendenziellen Fall der Profitrate nicht auf, denn bei zunehmender Kapitalintensität muss die Profitabilität, sinken, da nur die menschliche Arbeit wertschöpfend ist.

Dass wissenschaftlich-technologisch getriebene Revolutionen Wirtschaft und Gesellschaft fundamental verändern, ist auch schon lange bekannt. Im Kommunistischen Manifest schrieben Marx und Engels 1848:

„Auf einer gewissen Stufe ihrer Entwicklung geraten die materiellen Produktivkräfte der Gesellschaft in Widerspruch mit den vorhandenen Produktionsverhältnissen oder, was nur ein juristischer Ausdruck dafür ist, mit den Eigentumsverhältnissen, innerhalb deren sie sich bisher bewegt hatten. Aus Entwicklungsformen der Produktivkräfte schlagen diese Verhältnisse in Fesseln derselben um... Mit der Veränderung der ökonomischen Grundlage wälzt sich der ganze ungeheure Überbau langsamer oder rascher um." Dieses Schicksal erlitt der Feudalismus und auch der Kapitalismus ist davor nicht gefeit. Diese Erkenntnis wiederholt Rifkin mit anderen Worten in einem anderen Kontext.

Ich sehe den überzogenen Optimismus Rifkins skeptisch. Zwar stimme ich ihm zu, dass der Kapitalismus kein ewiges Wirtschaftssystem ist, doch die Zukunft lässt sich nicht in die Karten schauen. Außerdem: Die Geschichte der Zukunftsforschung ist die Geschichte der Irrtümer. (Juni 2015)

Walter Simon

GABALS großer
METHODEN-
KOFFER
ZUKUNFT

Konzepte, Methoden,
Instrumente

GABAL

39. Kreativ- oder Prekärwirtschaft?

Selbstausbeutung statt Fremdbestimmung

Menschen wollen möglichst selbstbestimmt und kreativ arbeiten. Das erklärt das enorme Interesse an der Kreativ- und Kulturwirtschaft. Hier dient Arbeit nicht dem Gelderwerb, sondern der Selbstverwirklichung. Man bekommt keinen Lohn, sondern Anerkennung. Dafür nimmt man auch prekäre Situationen in Kauf. Schließlich ist man Künstler und kein Dienstleister.

Glaubt man den Verlautbarungen aus Ministerien und Kammern, entwickelt sich die Kreativ- und Kulturwissenschaft als Wirtschaftszweig der Zukunft. Dieser Wirtschaftsbereich umfasst das Buch- und Verlagswesen, die Design- und Werbebranche, das Softwarehandwerk, die Musik- und Kulturproduktion, den Kunst-, Presse-, Film- und Rundfunkmarkt. Es handelt sich um eine Querschnittsbranche, der eine klare Abgrenzung fehlt. Eine Nischensparte ist sie jedoch nicht mehr, sondern ein stark expandierender Bereich mit mittlerweile etwa 1,6 Millionen Berufstätigen. Davon entfallen aber etwa 500.000 Beschäftigte auf die Software- und Game-Industrie, deren Zugehörigkeit zur Kultur- und Kreativwirtschaft zwiespältig ist. Die öffentliche Kultur, beispielsweise Theater und Bibliotheken, geht nur dann in die Statistik ein, wenn sie große privatwirtschaftliche Anteile hat.

Kreativwirtschaft als Aushängeschild. Regionen und Städte richten den Blick auf die Kultur- und Kreativwirtschaft. Geleitet von den drei Schlagwörtern Technologie, Talent und Toleranz will man intelligente und tolerante Menschen nebst innovativen Unternehmen anziehen. Diese sollen die regionale Attraktivität steigern und die Stadtkassen füllen. Ob das der Fall ist, wurde bisher durch keine Untersuchung belegt.

Es ist nicht nur der Selbstverwirklichungsdrang, der das Wachstum dieser Branche beflügelt. Die Gründerinitiativen der letzten Jahre sind oft nur die Folge von Auslagerungsprozessen kreativer Tätigkeiten aus Konzernen. Mit jeder Entlassungswelle bei den

Medien wächst die Zahl an kreativ- und kulturwirtschaftlichen Anbietern. Die Betroffenen gründen ihre „Freelancer GbR", um nicht in die Arbeitslosigkeit zu fallen. Allein Berlin beherbergt 150.000 gut qualifizierte Kreativbohemiens mit Harzt IV-nahen Einkommen.

Selbstausbeutung statt Fremdbestimmung. Der hohe Wettbewerbsdruck auf dem Markt der kreativ Tätigen führt zu niedrigen Preisen und hoher Selbstausbeutung. Lieber freiwillige Selbstausbeutung als arbeitsvertragliche Fremdbestimmung. Der Aufwand an Statusarbeit beziehungsweise Selbstvermarktung ist groß. „Kreativlinge" kämpfen einerseits mit wirtschaftlichen Zwängen und andererseits mit dauernden Frustrationen, wenn der Auftrag oder die Anerkennung ausbleiben.

Während sich die Kultur- und Kreativwirtschaft in den Jahren nach 1995 expansiv entwickelte, scheint sie heute eher zu stagnieren. Nur durch die Beschäftigtenzahlen der Informations- und Kommunikationstechnologie ergibt sich ein positives Bild. In Teilmärkten wie Kunst, Musik, Buch, Film, Presse oder Theater gibt es kaum Zuwachs bei den Mitarbeiterzahlen. Klammert man den wachstumsintensiven Softwarebereich aus der Statistik aus, dann verliert die Kultur- und Kreativwirtschaft ihren Glanz. Einkommen und Beschäftigungseffekt sind gering. Viele existieren mit der „Spielbein-Standbein-Methode": fester Job plus Selbständigkeit.

Man kann davon ausgehen, dass sich Neugründungen und Geschäftsauflösungen in der Kultur- und Kreativwirtschaft zukünftig die Waage halten werden. Bei jungen Menschen ist die Bereitschaft am größten, sich als Musiker, Maler, Designer oder Programmierer selbständig zu machen. Mit zunehmendem Alter schwinden der Elan und die Risikobereitschaft, besonders dann, wenn der Durchbruch ausbleibt. Die Energie zur Bewältigung von Existenzkrisen geht aus und das Sicherheitsmotiv gewinnt die Oberhand. (Juni 2016)

40. Big Data schlägt Big Brother
Die Datafizierung der Gesellschaft

Jeder, der ins Internet geht, erzeugt Daten und hinterlässt Spuren. Diese lagern millionenfach in strukturierter (Wikipedia) oder unstrukturierter Form (Social Media) Form in diversen Datenbanken. Die intelligente Kombination und Verknüpfung dieser Daten bezeichnet man als Big Data, oftmals auch als Data Mining. Jeder Klick auf die Tastatur befüllt die Datenminen weiter. Der Mensch fungiert gleichzeitig als Informationsproduzent und Datenkonsument.

Den Inhalt dieser Datenminen kann man dank Software beliebig kombinieren beziehungsweise korrelieren, wie es in der Fachsprache heißt. Beispiel: Westliche Frauen über 175 cm Körpergröße essen mehr Pizza-Margarita als kleinere. Für diese zunächst unsinnig wirkende Korrelation könnte sich die Ernährungsindustrie interessieren, um zielgenau zu werben. Die jetzt folgenden Entscheidungen basieren nicht mehr auf dem Wissen und Gefühl von Marketingexperten, sondern auf Daten und Algorithmen.

Wer kauft wann wieviel? Big Data entsteht aus der Rechenkraft der Computer, intelligenter Software in Verbindung mit selbstlernenden Algorithmen, der astronomischen Speicherkapazität von Datenträgern, vielen Sensoren, dem Internet und anderen IT-Komponenten.

Datenberge können vielfältigen Nutzen stiften. Die vorhandenen Datenmengen und Algorithmen erlauben eine Prognose über den Ausbruch von Malaria oder Grippe. Die Polizei kann einschätzen, in welchen Wohnvierteln zu welcher Zeit vermehrt mit Eibrüchen zu rechnen ist. REWE und ALDI schlussfolgern schon heute aus vorliegenden Daten, wieviel tausend Tonnen Tomaten im September 2017 gekauft werden, ob die Lieferanten in Spanien oder Holland auch bei regnerischem Wetter lieferfähig und Logistikleistungen zu akzeptablen Preisen verfügbar sind. Man weiß auch, dass die Nachfrage bei Vollmond um 30 Prozent höher liegt als bei Neumond. Big Data schaufelt sich mit Algorithmen durch riesige Datenhalden und ermöglicht so die Korrelation von Daten, die inhaltlich weit auseinanderliegen. Operative Entscheidungen werden immer mehr mit der Unterstützung von Big-Data-Software gefällt. Menschen wären überfordert die Datenmengen zu überblicken. Sie können höchstens drei Variablen in Beziehung setzen – ein Computer schafft das mit tausenden. Mega-Korrelationen ermöglichen Erkenntnisse, die ohne Big Data nie möglich wären. So fand etwa eine US-Bank heraus, dass Kreditkunden, die ihre Darlehnsanträge mit Großbuchstaben ausfüllen, eher Bankrott gehen als Schuldner, die Kleinbuchstaben bevorzugen. Mit Bauchgefühl wäre das nicht möglich.

Big Data ermöglicht auch Preisanpassungen in kürzester Zeit, so bei Amazon mehrmals am Tage. Die Drogeriekette DM generiert am laufenden Band Absatzdaten und sichert so eine optimale Regalbefüllung. Dank solcher Absatzprognosen werden Einkauf und Personaleinsatz geplant. Das deutsche Softwarehaus Blue Yonder entwickelte für Pharmaunternehmen ein Nebenwirksamkeitsprognose-Tool, mit dem für jeden Patienten eine exakte Vorhersage möglich ist. Falls sich die Systeme dann doch mal geirrt haben, lernen sie dazu und passen die Algorithmen weitgehend automatisch an.

Ganz so neue ist das Thema Big Data nicht. Schon seit mehr als einem Jahrzehnt nutzen Unternehmen Data-Warehouse-Software. Hier werden Daten aus unterschiedlich strukturierten und verteilten Datenbeständen integriert, um eine globale Sicht auf Quelldaten zu bekommen, Informationen schnell verfügbar zu machen und übergreifende Auswertungen zu ermöglichen.

Der gläserne Mensch. Die Möglichkeit, mittels Korrelationen Neuland zu entdecken, hat etwas Verführerisches. Vor allem bietet sich die Möglichkeit, den Menschen als Ganzes, und damit auch den Mitarbeiter, aus allen nur denkbaren Perspektiven zu durchleuchten. Diese vermessen sich mit Quantified-Self-Applikationen sogar selbst. Krankenkassen und Lebensversicherungen freuen sich über die Gratisdaten.

„Der Mensch wird zur Summe seiner Algorithmen", schrieb der verstorbene FAZ-Herausgeber Frank Schirrmacher. Auch die Gesellschaft wird „datagrafiert", so dass die Gesetzmäßigkeiten menschlichen Handelns offenbar werden. Jeder Klick bei Google, Facebook, Twitter oder LinkedIn füllt die Goldmine der Daten. Der frühere Google-Chef offenbarte in einem Interview: „Wir wissen, wo du bist. Wir wissen, wo du warst. Wir können mehr oder weniger wissen, was du gerade denkst." Mit dieser Aussage wird die Konzentration von Macht in den Händen von Dateneignern deutlich. Datensammler treten gleichberechtigt neben Produktionsmittelbesitzer. Neue Industrien entstehen, deren Produkte Wissen und Geist sind.

Die Möglichkeit große Datenmengen fast gratis zu speichern, verführt zum Sammeln und Einlagern, denn in zehn Jahren könnten Daten aus dem Jahre 2010 nützlich sein, beispielsweise für die Werbewirtschaft oder Personalabteilungen. Möglicherweise sind das Facebook-basierte Informationen, mit denen Zukunftsprognosen über Bewerber möglich sind. Wissen ist Macht. NSA lässt grüßen. Dagegen verblasst das Schreckensszenario des Big Brothers, das George Orwell in seinem Roman „1984" vor 67 Jahren zeichnete.

Big Data stiftet Nutzen, kann aber auch Schaden anrichten. Big Data ermöglicht Fortschrift, bewirkt aber auch Rückschritt. Bundeskanzlerin Merkel warnt davor, durch einen „falschen rechtlichen Rahmen" den Nutzen von Big Data zu unterminieren. Was ist richtig, was ist falsch? Wiederholt mussten wir feststellen, dass dieser Rahmen nicht eingehalten wird. Über Datensicherheit wird viel geredet, aber die Angreifer finden immer wieder Wege in die Datenminen. (Dezember 2015)

Walter Simon

Lust aufs Neue

Werkzeuge für das Innovationsmanagement

GABAL
management

41. Beim Geld hört die Freundschaft auf
Plädoyer für eine gerechte Verteilungspolitik

„Eigentlich verdiene ich viel, aber bekomme zu wenig", lautet ein gern genutztes Bonmot. Volkswirtschaftlich gesehen trifft das durchaus zu. Von 2000 bis 2012 sank der Anteil der Lohnquote am Volkseinkommen von 72,2 auf 67,9 Prozent. Die restlichen 30,1 Prozent entfallen mit steigender Tendenz auf Unternehmergewinne und Kapitaleinkünfte. Zwar sind die Löhne im gleichen Zeitraum um 26,3 Prozent gestiegen, das aber bei einer Preissteigerungsrate von 23 Prozent. Die Reallohnsteigerung betrug gerademal 3,3 Prozent.

Leider wurde auch der Kuchen des Produktivitätsfortschritts sehr ungleichmäßig, beziehungsweise fast gar nicht geteilt. Früher galt die Regel, fast schon wie ein ungeschriebenes Gesetz, dass sich Löhne und Produktivitätsfortschritt im Gleichschritt bewegen müssen. Heute fallen die Früchte des Produktivitätszuwachses allein den Unternehmen zu.

Ein genauer Blick auf die hinkende Lohnentwicklung von 2000 bis 2012 zeigt, dass es sich vorwiegend um ein Problem von atypisch Beschäftigten und Niedriglöhnern handelt. Bei den ärmsten 10 Prozent der Haushalte schlagen Lohneinbußen am stärksten zu Buche, so dass sogar die Deutsche Bundesbank 2014 höhere Tarifabschlüsse empfahl. Während die Normalverdiener ein Jahreseinkommen von 32.500 Euro erzielen, sind es bei einem Fünftel der Berufstätigen nur 16.000 Euro, weniger als der EU-Durchschnitt. Man kann also von einer Verarmung der Armen sprechen und weniger vom Reicherwerden der Normalverdiener.

$r > g$: **Eine Formel macht Furore.** Wer wenig verdient, kann wenig sparen. Einkommens- und Vermögensungleichheit bedingen sich wechselseitig. Die vermögensärmsten 40 Prozent der Deutschen konnten kaum Vermögen aufbauen, während sich knapp ein Drittel des Nettovermögens auf den Konten von nur einem Prozent der Superreichen befindet. Das ist der deutsche

Beweis für den Befund des vieldiskutierten Starökonomen Thomas Piketty, wonach die Rendite auf Kapitel in diesem und im vergangenem Jahrhundert höher war als der Zuwachs von Löhnen und Gehältern, ja sogar höher als das gesamte Wirtschaftswachstum. Er drückt das kurz und knapp mit der Formel r > g aus (rendite > growth). Warren Buffet übersetzt das so: „Wenn es einen Klassenkampf gibt, dann ist meine Klasse der Gewinner".

Was die Vermögensmobilität angeht, so gilt: Arm bleibt arm und Reich wird immer reicher. Zumeist sind es fette Erbschaften, die niedrige Steuern und ein finanziell sorgenfreies Leben garantieren. Statt Wohlstand für alle (Ludwig Erhardt) gilt jetzt Wohlstand für wenige.

Ungleichheit - unser gesellschaftliches Krebsgeschwür. In Deutschland werden vor allem von Berufstätigen hohe Steuern erhoben und in die Umverteilungsmaschinerie eingeleitet. Trotzdem, so meinte die OECD schon 2011, konnte das Auseinanderdriften von Arm und Reich nicht verhindert werden. Marcel Fratzscher, Präsident des Deutschen Instituts für Wirtschaftsforschung, sieht in der Umverteilung keine Lösung, denn es wird zuviel von Bessergestellten zu ihresgleichen umverteilt. Er und mit ihm die OECD fordern ein effizientes System der Umverteilung, eines, das nach unten hin wirksam ist und Chancengleichheit von Kindesbeinen an schafft. Einkommens- und Vermögensungleichheit sind nicht vermeidbar, wohl aber reduzierbar. Dieses Postulat ergibt sich nicht reiner Menschenliebe, sondern weil es volkswirtschaftlich notwendig ist. Neofeudale Ungleichheit drückt das Wirtschaftswachstum, die Produktivität und Nachfrage, wirkt negativ auf das Bildungsniveau und die Gesundheit, spaltet die Gesellschaft und führt über die Resignation zum Ausstieg aus dem demokratischen Gesellschaftsgefüge. (August 2016)

42. Erfolgsrhetorik und Binsenwahrheiten
Managementkonzepte im Formel 1-Tempo

Der Wechsel der Führungsmoden vollzieht sich mit Hochgeschwindigkeit. Auf Lean-Management folgte Business Reengineering. An die Stelle von Wertanalysegruppen sind Qualitätszirkel getreten. Transaktionsanalyse ist out, Neuro-Linguistisches Programmieren in. Die Rezeptflut wird von einer Begriffslawine begleitet. Sie besteht aus Schlagwörtern, Anglizismen, Superlativen und Wortnebeln. Wer sich deutsch ausdrückt, gerät in Gefahr, dass man seine fachliche Kompetenz anzweifelt. Kaum wurde das eine Konzept eingeführt, folgt ein neues und angeblich noch besseres. Es wird nicht einfach nur Erfolg versprochen, sondern Spitzenleistungen, Mega-Success und Quantensprünge.

Viel Rhetorik, wenig Inhalt. Effekthascherei kommt vor solider Recherche und Analyse. Die Autoren sind zumeist PR-erfahrene Publizisten und Berater, seltener Unternehmer oder Wissenschaftler. Sie werden als herausragende Persönlichkeiten dargestellt, besonders bei Beratungs- und Trainingsthemen. Man baut auf die Assoziation „Autor ist gleich Autorität". Das bestätigen die angeheuerten Claqueure, die auf der Rückseite der Bucheinbände in Testomonials die Klugheit des Autors und Einmaligkeit des jeweiligen Buchs bezeugen.

In der Managementliteratur werden angebliche Erfolgsfaktoren dargestellt, fragwürdige Studien zitiert und Korrelationen als Kausalität ausgegeben. Ausgesuchte Unternehmen dienen als Zeugen, Marketingberater formulieren einen erfolgversprechenden Titel. Wer dieses Buch nicht liest, hat angeblich einen gravierenden Wettbewerbsnachteil.

Manager sorgen sich, vielleicht etwas Wichtiges zu unterlassen, sich deswegen unangenehmen Fragen stellen zu müssen oder als unmodern dazustehen. Wirtschaftstrainer und –berater stürzen sich auf die Bücher, die ihnen die Chance bieten, ihren Kunden etwas Neues soufflieren zu können.

Trendmacher Unternehmensberater. Die Situation ähnelt dem, was Goldmacher absolutistischen Fürsten versprachen. Viele Monarchen fielen darauf herein. Managern ergeht es nicht viel anders. Sie sind Getriebene: vom Wettbewerb, von Banken, Finanzanalysten, Journalisten, Finanzbeamten. Sie benötigen möglichst schnelle Lösungen. Da kommen die ‚Goldmacher' mit ihren zumeist diffusen und mehrdeutigen Empfehlungen gerade recht.

Sind diese amerikanischen Ursprungs wie Balanced Scorecard, Business Reengineering oder Lernende Organisation, sind die Grundlagen für einen Trend gelegt, und die US-amerikanische Marketingwalze überrollt die europäische Management-Domain. Mit einigen Jahren Verzögerung schwappten Themen wie Simplifizierung, Prozessoptimierung, Vertrauen und Unternehmenskultur über den Atlantik, um von publizistischen Wiederkäuern in Redaktionen und bei Seminarveranstaltern rezipiert zu werden. Wenn sich dann das Topmanagement großer Unternehmen der angebotenen Themen annimmt und der Me-too-Effekt einsetzt, besteht die Chance, eine kurzlebige Mode oder gar einen Trend zu kreieren.

Erfolgsregeln garantieren keine Wettbewerbsvorteile
Ein genauer Blick zeigt, dass es sich bei vielen Erfolgsregeln fürs Management oft nur um Binsenwahrheiten und Allgemeinplätze handelt, die fast immer passen. Darum ist man gut beraten, ihnen mit großer Skepsis zu begegnen. Sie sind nicht schlichtweg falsch, aber auch nicht unbedingt richtig im Sinne einer Erfolgsgarantie. Niemand wird die Notwendigkeit von Maßnahmen wie Kundenorientierung, Qualitätsförderung, Mitarbeiterentwicklung oder Risikofreude bestreiten. Sie sind als Schmierstoff für den Erfolg wichtig. Aber auf lange Sicht ist es letztlich der Markt, der über Sieg oder Niederlage entscheidet. Auf Dauer lässt sich ein Wettbewerbsvorteil aufgrund dieser oder jener Erfolgsregel nur schwer aufrecht erhalten. (Juli 2016)

43. Urlaub, so oft und soviel Du willst
Leistungssteigerung statt Freiheitszuwachs

Die Gewährung bezahlten Erholungurlaubs bedurfte eines langen Kampfes der organisierten Arbeiterschaft. Im Jahre 1903 betrug dieser Urlaub zunächst ganze drei Tage. Die Vorkämpfer von damals kämen wohl aus dem Staunen nicht heraus, würden sie von einem Angebot unbegrenzten bezahlten Urlaubs hören. Ein personalpolitisches Gestaltungsinstrument, mit dem amerikanische Unternehmen bereits experimentieren. Es wird zwar noch ein paar Jahre dauern, bis es seinen Weg über New York und London in mitteleuropäische Personalbüros gefunden haben wird. Aber das Thema steht schon jetzt auf der Agenda der mitteleuropäischen Managementjournalistik.

Unbegrenzter Urlaub ist unternehmerisches Kalkül. No-Limit-Urlaub klingt verlockend. Das Konzept verspricht Selbstbestimmung, Flexibilität und Freiheit. Dem rigiden Taylorismus droht der Todesstoß. Es sind große Unternehmen, die ihre Mitarbeiter mit Freiheitsofferten überschütten. Allerdings sollte man wissen, dass die Amerikaner keinen gesetzlichen Urlaubsanspruch kennen und ihnen unternehmensseitig im Durchschnitt nur 15 Tage gewährt werden. Krankheitstage werden mit Urlaubstagen verrechnet. Im Schnitt nutzen amerikanische Angestellte nur die Hälfte der ihnen zustehenden Urlaubstage. Ist die Zahl nicht festgeschrieben, steigt die Scheu, überhaupt Urlaub zu machen. Unbegrenzter Urlaub ist also kein Vertrauensbeweis, sondern psychologisches Kalkül zugunsten des Unternehmens.

Auch der britische Mischkonzern Virgin Group gehört zu den Pionieren des modernen Human-Resources-Konzepts. Konzerneigner Richard Branson verkündete „You can take what you like!" Allerdings mit einer Einschränkung. Zitat: „Es ist den Angestellten überlassen (…), aber sie dürfen es nur, wenn sie sich zu 100 Prozent sicher fühlen, dass sie und ihr Team bei jedem Projekt im Zeitplan liegen und ihre Abwesenheit dem Unternehmen in keiner Hinsicht schadet – oder ihren Karrieren."

In diesem Satz liegt die hintergründige Wahrheit. Wer unbegrenzt bezahlten Urlaub nimmt, schadet natürlich dem Unternehmen und seiner Karriere. Man klinkt sich aus der Wertschöpfung aus, verbleibt aber in der Kostenschöpfung. Die Kollegen werden sich freuen, die Arbeit des Neverending-Urlaubers erledigen zu müssen. Wer den Begriff „selbstbestimmt" ernst nimmt, kann wahrscheinlich endlos im Urlaub bleiben, aber unbezahlt und außerhalb des Unternehmens.

Unbegrenzter Urlaub als psycho-subtile Ausbeutung. Mit dem Angebot individueller Freiheit werden Mitarbeiter zu einem faustischen Pakt gezwungen. Freiheitszuwachs und Leistungssteigerung gehen Hand in Hand. Die „Arbeitskraftunternehmer", ein Begriff für den Typ Mitarbeiter unserer Tage, stehen im Wettbewerb mit anderen Arbeitskraftunternehmern – und das im eigenen Unternehmen. Der Arbeitsmarkt findet im eigenen Unternehmen statt, die Konkurrenz sitzt einen Schreibtisch weiter. Weiter vorne sitzt der Chef, ein Vorbild in Sachen Arbeitseinsatz. Er verzichtet komplett auf bezahlte Erholungstage. Draußen bieten immer mehr Dienstleister jene Tätigkeiten kostengünstig an, die gegenwärtig noch von internen Kräften erledigt werden.

Vor diesem Hintergrund ist es ratsam, seine Identifikation und Motivation sichtbar auszudrücken. Am besten, indem man seinen Urlaubsanspruch freiwillig beschränkt. Genau das ist die Erfahrung der vermeintlichen Pionierunternehmen. Es wird weniger Urlaub genommen. So nutzen bei „Big Blue", wie IBM auch genannt wird, nur 57 Prozent der Mitarbeiter die ihnen zustehenden 15 Urlaubtage voll aus. In der IT-Branche bieten Unternehmen sogar eine Sonderprämie von 1.000 US-Dollar an, damit die Mitarbeiter endlich einmal einen einwöchigen, zusammenhängenden Urlaub nehmen. Es scheint, als werde die Humanisierung der Arbeit durch eine Art psycho-subtile Ausbeutung ersetzt. (September 2016)

44. Welches Ethos braucht die Wirtschaft?
Deutscher Nachhaltigkeitskodex oder DIN ISO 26000?

Wer die Wahl hat, hat die Qual. In den 1970er-Jahren standen Sozialbilanzen hoch im Kurs. Hier wurde freiwillig, systematisch und regelmäßig über die gesellschaftlich positiven und/oder negativen Auswirkungen von Unternehmensaktivitäten berichtet. Das Interesse an dieser Art ‚Social Reporting' ist heute fast erloschen.

Im Gefolge von Globalisierung und Umweltverschmutzung gelangte das Thema Corporate Responsibility in die Qualitätsbewegung. Mit der DIN ISO 14001 bestand ab 1992 erstmals die Möglichkeit, das Öko-Managementsystem eines Unternehmens zertifizieren zu lassen.

Im Jahre 2004 wurde die DIN ISO 26000 mit dem Titel ‚Leitfaden zur gesellschaftlichen Verantwortung' veröffentlicht. Schon die Überschrift zeigt, dass es sich hierbei um keine Norm im ursprünglichen Sinne handelt, sondern um einen Wegweiser in Richtung CRS-orientiertes Unternehmen.

Die Hauptdarsteller im CRS-Gefüge: Nachhaltigkeitskodex und ISO 26000. Die meisten der in Frage kommenden CRS-Systeme wenden sich an Großunternehmen. Aber welches ist das für Klein- und Mittelunternehmen passende System, zumal allen die gleichen Fragestellungen zugrunde liegen und fast gleiche Dokumentationsnachweise fordern. Wen wundert es da, wenn sich das Interesse von Unternehmen geringhält. Die Klagen über den Bürokratieaufwand der ‚Prüf- und TÜV-Gesellschaft' sind unüberhörbar. Außerdem, so die Kritiker, sei in hochkomplexen Gesellschaften vieles schon gesetzlich geregelt.

Organisationen und Unternehmen, die sich dennoch auf den CRS-Pfad begeben wollen und nach Orientierung fragen, bieten sich mit der DIN ISO 26000 und dem ‚Deutschen Nachhaltigkeitskodex' (DNK) zwei Instrumente an, die in Deutschland die Hauptrolle im CRS-Gefüge spielen.

1. DIN ISO 26000

Die 2010 veröffentlichte DIN ISO 26000 - ‚Leitfaden zur gesellschaftlichen Verantwortung' – ist zwar international verbreitet, aber kaum bekannt. Sie bezieht ihre Reputation aus der Namensnähe zur DIN ISO 9001. Aber zwischen den Normen 9001 und 26000 gibt es einen wesentlichen Unterschied. Die DIN ISO 9001 beschreibt die Anforderungen an ein Qualitätsmanagement-System. Dieses wird auditiert, zertifiziert und jährlich zwischengeprüft. Verlangt ein Abnehmer ein solches Zertifikat, kann sich der Lieferant dem nicht entziehen.

Anders die DIN ISO 26000: Hier wird kein CRS-Managementsystem beschrieben. Sie enthält keine messbaren Muss-Anforderungen, wie man es sonst von DIN-Normen kennt, sondern Soll-Empfehlungen. Ihr Zweck ist CRS-Orientierung, so wie es der Titel ‚Leitfaden' ausdrückt. Insofern handelt es sich eigentlich um keine Norm. Da sie keine CRS-Systemanforderungen enthält, ist sie auch nicht zertifizierbar. Ihrem Charakter nach kann sie nicht in Verträge oder Vorschriften einfließen. Außerdem, in der globalen Wirtschaftswelt versteht jeder Kulturkreis etwas anderes unter dem Begriff ‚Gesellschaftliche Verantwortung'.

Die Norm definiert gesellschaftliche Verantwortung als „die Verantwortung einer Organisation für die Auswirkungen ihrer Entscheidungen und Aktivitäten auf die Gesellschaft und die Umwelt durch transparentes und ethisches Verhalten." Ihr liegen diese sieben Hauptkapitel zugrunde:

1. Anwendungsbereich;
2. Begriffe und Definitionen;
3. Verständnis gesellschaftlicher Verantwortung;
4. **Sieben Grundsätze gesellschaftlicher Verantwortung**: Rechenschaftspflicht, Transparenz, ethisches Verhalten, Achtung der Interessen der Stakeholder, Achtung der Rechtsstaatlichkeit, Achtung internationaler Verhaltensstandards, Achtung der Menschenrechte,

5. Die Anerkennung der gesellschaftlichen Verantwortung sowie die Identifizierung und Einbindung der Interessengruppen;

6. **Handlungsfelder für diese sieben Kernthemen**: Organisationsführung, Menschenrechte, Arbeitspraktiken, die Umwelt (Ökologie), faire Betriebs- und Geschäftspraktiken, Konsumentenbelange, regionale Einbindung und Entwicklung der Gemeinschaft.

7. Handlungsempfehlungen zur organisationsweiten Integration gesellschaftlicher Verantwortung.

Am wichtigsten ist der Abschnitt sechs, in dem sieben Handlungsfelder gesellschaftlich verantwortlichen Handelns beschrieben sind, in denen sich ein CSR-orientiertes Unternehmen betätigen kann. Selbstverständlich kann eine Organisation nicht in allen Handlungsfeldern gleichzeitig tätig werden.

Obwohl die DIN ISO 26000 nicht zertifizierbar ist, bietet sich Unternehmen, die ihre gesellschaftliche Verpflichtung dennoch irgendwie ausdrücken und nachweisen möchten, die Möglichkeit einer Selbsterklärung, etwa in dieser Form:

Selbsterklärung zur DIN ISO 26000

Wir, die Mustermann GmbH, sind uns der Auswirkungen unseres Verhaltens auf die Gesellschaft und Umwelt bewußt. Wir kennen die Erwartungen unserer Anteilseigner und Stakeholder und prüfen ständig die sich daraus ergebenden Verpflichtungen. Darum orientiert sich unser/e Unternehmen/Organisation an den Empfehlungen der DIN ISO 26000 zur Umsetzung gesellschaftlicher Verantwortung. Die DIN ISO 26000 ist der Maßstab, mit dem wir unsere Geschäftspraxis laufend überprüfen und anpassen.

Musterstadt, ... 2017

Franz Meier (Geschäftsführer)

Diese Entsprechenserklärung ist keine Konformitätserklärung, wie sie in der Wirtschaft vielfältig praktiziert wird, da die Norm 26000 keine verpflichtenden Elemente enthält.

2. Deutscher Nachhaltigkeitskodex

Wer mehr tun will als nur obiges CRS-Gelöbnis abzulegen, dem sei der Deutsche Nachhaltigkeitskodex (DNK) empfohlen, hinter dem der ‚Rat für Nachhaltige Entwicklung', ein von der Bundesregierung 2001 geschaffenes Gremium, steht. Mit DNK-Berichten machen Unternehmen ihre Nachhaltigkeitsbemühungen sichtbar und mittels Standardisierung vergleichbar. Der Bericht muss Antworten auf diese 20 sozialen, ökologischen und unternehmensstrategischen Fragestellungen geben:

1. Strategische Analyse und Maßnahmen
2. Wesentlichkeit (Einblick in die Auswirkungen auf Menschen und Umwelt)
3. Ziele
4. Tiefe der Wertschöpfungskette
5. Verantwortung
6. Regeln und Prozesse
7. Kontrolle
8. Anreizsysteme
9. Beteiligung von Anspruchsgruppen
10. Innovations- und Produktmanagement
11. Inanspruchnahme natürlicher Ressourcen
12. Ressourcenmanagement
13. Klimarelevante Emissionen
14. Arbeitnehmerrechte
15. Chancengerechtigkeit
16. Qualifizierung
17. Menschenrechte
18. Gemeinwesen
19. Politische Einflußnahme
20. Gesetzes- und richtlinienkonformes Verhalten

Seinem Wesen nach ist der DNK eine Selbst- bzw. eine Entsprechenserklärung. Die 20 Antworten werden frei formuliert. Es besteht die Möglichkeit, diese mit branchenspezifischen Leistungsindikatoren zu ergänzen oder ganz zu ersetzen. Wie tief und breit die Anforderungen umgesetzt wurden, bewerten die Unternehmen selbst. Der DNK-Bericht eines Unternehmens wird von niemanden bewertet oder gar zertifiziert. Er wird in der Datenbank des Deutschen Nachhaltigkeitsrates hinterlegt und ist für jedermann einsehbar. Wird er auf der Homepage des Unternehmens veröffentlicht, darf er das DNK-Signet tragen.

Der Nachhaltigkeitskodex hat Freunde und Gegner. Zu den Freunden zählt die Bertelsmann-Stiftung, die in Kooperation mit dem Deutschen Nachhaltigkeitsrat einen Anwendungsleitfaden entwickelt hat.

Die Gegner werden von der Bundesvereinigung Deutscher Arbeitgeberverbände angeführt. Von dort wird zum Boykott des Kodex aufgerufen. Deutschlands Industrie- und Handelskammern unterstützen die Haltung der BDA. Sie sehen keinen Nutzen in Nachhaltigkeitsberichten und warnen vor weiterer Bürokratie. Die gleichen Organisationen begrüßen aber die DIN ISO 26000, wahrscheinlich, weil sich daraus keinerlei Verpflichtungen ergeben.

DIN ISO 2600 oder Nachhaltigkeitskodex? - Pro und Kontra. Für welches der beiden CRS-Modelle soll sich ein Unternehmen entscheiden? Antwort: Der Umwelt ist es egal. Wichtig ist, dass überhaupt etwas geschieht. Man nehme eines und setze es um. ISO 26000 und Nachhaltigkeitskodex sind an vielen Stellen deckungsgleich.

Die DIN ISO 26000 ist eine umfangreiche Sammlung von CRS-relevanten Aspekten. Sie enthält 600 Hinweise, die Dos and Don'ts, nicht mehr und nicht weniger. Dem Charakter nach ist sie ein Busineß-Knigge, zu dem man sich mündlich oder schriftlich bekennen kann. Für die einbandlose, einfachst gestaltete Schwarz-weiß-Broschüre sind stolze 140 Euro aufzuwenden.

Unternehmen, die Wert auf einen Nachweis ihrer Nachhaltigkeitsbemühungen legen, sind mit dem DNK-Modell besser bedient. Aber außer dem Bericht können sie nichts vorweisen, da keine Urkunde, kein Signet oder ähnliches ausgestellt wird. Es gibt auch keinen verbindlichen Aktualisierungsturnus für die Entsprechenserklärung. Der Deutsche Nachhaltigkeitsrat empfiehlt einen Zweijahresrhythmus. Aber alles bleibt freiwillig und unverbindlich. Das ist der Grund, warum Deutschlands Gewerkschaften diese Art von CRS-Instrumenten, insbesondere die DIN ISO 26000, ablehnen.

Der Arbeitsaufwand beträgt zwischen einem und fünf Arbeitstagen. Leitfäden und Arbeitsunterlagen stehen gratis zur Verfügung. Für Unternehmensberater ist hier nichts zu verdienen.

Für das DNK-Modell spricht auch, dass die Teilnehmer ruhigen Gewissens die Selbsterklärung zur Gesellschaftlichen Verantwortung nach DIN ISO 26000 abgeben und darauf verweisen können.

Man darf hierbei nicht übersehen, dass bis heute deutschlandweit nur 126 Unternehmen (Stand 2016) den Nachweis ihrer DNK-Bemühungen erbracht haben. Der Deutsche Nachhaltigkeitsrat muss noch kräftig ‚nachfeuern‘, wenn sein Kodex zum CRS-Standard werden soll.

45. Zur Zukunft der Mitarbeiterführung
Vieles bleibt, einiges wandelt sich

Wie werden Mitarbeiter im kommenden Jahrzehnt und danach geführt? Die Zukunftsrezepte tragen bedeutungsschwere Titel, wie situative, agile, kooperative, strukturelle, transformale, konsensuale oder systemische Führung, Laissez-faire-Führung, digital Leadership und Empowerment. In den sechziger und siebziger Jahren galt das Delegationskonzept der Harzburger Schule als Erfolgswegweiser. Dann schwappten die US-Modelle herüber. Die Ohio-Schule bot ein zweidimensionales, auf den Polen Mitarbeiterorientierung und Erfolgsorientierung basierendes Führungskonzept an, das als Grid-Konzept weltweit Furore machte.

Das Phänomen Führung wurde und wird unter verschiedenen Gesichtspunkten betrachtet: Dem der Machtbeziehung und der Art der Einflussnahme, der Persönlichkeit des Führenden und der Geführten, der Gestaltung des Gruppenprozesses oder des Zwecks der Interaktion. Mitarbeiterführung wird psychologisch, soziologisch oder auch ökonomisch definiert. Man stößt auf einen wahrhaften Dschungel an Führungstheorien. Der Managementwissenschaftler Oswald Neuberger schreibt: „Will man sich auf dem Gebiet der Führung orientieren, so trifft man auf unübersichtliches Gelände: Es gibt beeindruckende Pracht-Straßen, die aber ins Nichts führen, kleine Schleichwege zu faszinierenden Aussichtspunkten, Nebellöcher und sumpfige Stellen. Auf der Landkarte der Führung befindet sich auch eine ganze Reihe Potemkinscher Dörfer, uneinnehmbare Festungen oder wild wuchernde Slums."

Mikroebene mit wenig Veränderung. Die Frage nach der Zukunft der Mitarbeiterführung muss zweigeteilt werden in, erstens, die Zukunft der direkten Führung durch den Vorgesetzten (interaktionelle Führung) und, zweitens, die Zukunft von Führungssystemen (strukturelle Führung). Bei der interaktionellen Führung, sozusagen auf der Mikroebene, wird es wohl kaum fundamentale Veränderungen geben. Die klassischen Führungsaufgaben sind weiterhin zu leisten: Ziele vereinbaren, Aufgaben, Kompetenzen und Verantwortung delegieren, Lob und Anerkennung aussprechen, Kritik und Tadel anbringen, informieren, kommunizieren und kooperieren, Mitarbeiter entwickeln und beurteilen, Aufgabenerfüllung überwachen, Konflikte erkennen und lösen. Gleichwohl ist ein Trend in Richtung diskursiver und konsensualer Verhaltensweisen absehbar.

Einschneidende Veränderungen wird es beim Personalmanagement, beziehungsweise den klassischen betriebswirtschaftlichen Führungssystemen geben (müssen). Sie haben ihre Alleingültigkeit verloren und stehen auf dem Prüfstand der Führungsforschung. Globalisierung, Digitalisierung und Individualisierung hinterlassen Spuren im Gefüge von Organisationen. Immer komplexere Probleme müssen bewältigt werden. Organisationen entgrenzen sich. Netzwerke überspannen Fabrik- und Branchengrenzen. Algorithmen und Software zwingen zu einer Neudefinition von Arbeit und Führung. Sind Organisationen der Zukunft überhaupt noch führ- und steuerbar?

Hierarchische Führung bleibt noch lange. Ich bin davon überzeugt, dass sich unser hierarchisch strukturiertes Führungsmodell noch lange erhalten wird. Alles andere birgt Gefahren, denn die Mitarbeiter sind vertraut mit dem, was ist. Das gibt Sicherheit und Orientierung. Darum muss sorgfältig geprüft werden, welcher Führungsstil der wirksamere ist. Zu unterschiedlich sind die Branchen, Organisationsformen, Unternehmenstraditionen und Belegschaftsstrukturen. Wissensintensive Branchen wagen den Schritt ins Neuland, aber klein- und mittelständische Unternehmen werden sich nur zögernd vorwärts tasten. Daraus folgt: Wir werden uns noch recht lange auf ein Nebeneinander von traditionell-betriebswirtschaftlichen Führungssystemen einerseits und avantgardistisch-systemischen Führungssystemen andererseits einstellen müssen. (Oktober 2016)

46. Einmal arm, immer arm
Maßnahmen gegen die Ungleichheit

‚Modell Deutschland' war im Bundestagswahlkampf 1976 der Slogan, mit dem die SPD für ihr Programm warb. Dem stellte die CDU ihr ‚Sicher, Sozial und Frei' gegenüber. Hielten die Losungen, was sie versprachen? Anspruch und Wirklichkeit sehen heute, vierzig Jahre später, leider so aus:

Obwohl der Staat pro Jahr 540 Milliarden aus den Steuereinnahmen an die Minderbemittelten weiterleitet, nimmt der Trend zur chronischen Armut immer mehr zu. Was unten ankommt, reicht nicht, die Drift von Arm und Reich zu stoppen. Die Konjunktur wird gebremst, weil die Armen zu wenig konsumieren und die Reichen zuviel sparen. Mit dem Ende der tarifvertraglichen Normalarbeit haben Niedriglöhner kaum Aussicht auf beruflichen Aufstieg und höhere Einkommen. Ihr Leistungswille sinkt. Sie glauben nicht mehr an Chancengleichheit. Es gilt ‚einmal arm, immer arm'. Das verstärkt den Fachkräftemangel, über den Politik und Wirtschaft lauthals klagen.

Verschwendung von Talenten und Qualifikationen. Werden hier Talente und Qualifikationen verschwendet? Ja, sagt der Direktor des Instituts für Arbeitsmarkt- und Berufsforschung, Joachim Möller. Die OECD spricht von einer ‚Verschwendung des Humankapitals'. Unsere Wirtschaftsleistung könnte ohne die soziale Ungleichheit höher liegen.

Eine der Ursachen für die neuerliche Herausbildung einer Klassengesellschaft sehen Wissenschaftler in den unterschiedlichen Bildungschancen von Kindern und dem Bildungsniveau von Eltern. Das Gymnasium wird mehrheitlich von Jugendlichen der Oberschicht besucht. Akademikerfamilien reproduzieren Akademiker. Sinkt das Bildungsniveau, bremst das die Produktivität, meint der Chef des Deutschen Instituts für Wirtschaftsforschung, Marcel Fratscher. Das aber kann sich keine Volkswirtschaft im globalen Wettbewerb der besten Köpfe und Produkte leisten.

Fehlen die Köpfe, und sie werden fehlen, müssen Unternehmen über Ausweichstrategie nachdenken, und die gehen zu Lasten der Geringqualifizierten. Was tun?

Maßnahmen gegen die Ungleichheit. Die Linke will höhere Steuern für die Reichen. Etwas moderater klingt der Vorschlag, die steuerlichen Privilegien für Reiche abzubauen, beispielsweise die geringe Besteuerung von Kapitalerträgen gegenüber der hohen von Arbeitseinkommen. Nicht nur Gutmensch-Ökonomen empfehlen, den Hebel bei den schrumpfenden Einkommen am unteren Ende der Einkommensskala anzusetzen und Werksverträge nebst Minijobs in normale Arbeitsverhältnisse umzuwandeln. Dann müsste noch an den diversen Schrauben gedreht werden, die das Oben und Unten unserer Gesellschaft verfestigen: das den Aufstieg blockierende Bildungssystem, die Lohnungleichheit von Mann und Frau sowie die integrationshemmende Ausländerpolitik. Diejenigen, die als Erwachsene den Generationenvertrag erfüllen sollen, werden das als Minilöhner kaum leisten können.

Wie soll sich ein prekär Beschäftigter mit zwei Minijobs in den demokratischen Teilhabeprozess einbringen, wenn kaum Freizeit verbleibt und sich das Einkommen am Rande des Existenzminimums bewegt? Abstiegsängste und Niedriglöhne lähmen uns Menschen und wirken psychisch zerstörend. Sind unsere Grundbedürfnisse unbefriedigt, benötigen wir unsere ganze Energie für den täglichen Überlebenskampf. Wenn Deutschland ‚sozial, sicher und frei‘ im Sinne der CDU oder ganz einfach zu einem ‚Modell‘ nach SPD-Vorstellungen werden soll, brauchen wir eine Strategie, die es schafft, das untere Drittel der hier lebenden Menschen an der wirtschaftlichen Entwicklung zu beteiligen. Mehr Chancengleichheit verbessert unsere Wettbewerbsfähigkeit. Sie sichert den demokratischen Zusammenhalt und das Funktionieren der Gesellschaft. (November 2016)

47. Kommt der sechste Kondratjew?
Welche Prognose ist richtig?

Uns erwartet eine Zukunft mit viel Arbeit und Wachstum. Das meinen diejenigen, die sich wirtschaftstheoretisch dem russischen Ökonom Nikolai Dmitrijewitsch Kondratjew verbunden fühlen. Dieser fand heraus, dass sich die wirtschaftliche Entwicklung in sehr langen Konjunkturwellen vollzieht.

Zwischen dem Ende des 18. und der Mitte des 19. Jahrhunderts fanden vier solcher Zyklen statt. Sie wurden durch die Dampfmaschine, die Eisenbahn, den elektrischen Strom, die Pkw-Industrie, die Petrochemie und die Informationstechnik ausgelöst. Diese Entwicklungsstimulatoren lösten Wachstumsschübe aus, die irgendwann abflauten, bis neue Basisinnovationen einen weiteren Megazyklus auslösten. Die ersten vier Zyklen wurden durch „harte" Technologien ausgelöst, der fünfte jedoch durch den Computer in Kombination mit Software und Internet. Über den sechsten sind sich die Ökonomen uneinig.

Welche Welle kommt? Eine lange Konjunkturwelle ist nicht allein ein wirtschaftlicher Vorgang. Sie ist gesellschaftlicher Natur, denn sie verändert Arbeit und Leben in der jeweiligen Epoche. Es entstehen neue Berufe (zum Beispiel Programmierer), Infrastrukturen (zum Beispiel Datenautobahnen), andere Bildungsinhalte (zum Beispiel Medienkompetenz), neue Forschungsschwerpunkte (zum Beispiel Laser oder Datenträger) und neue Organisationskonzepte in Unternehmen (zum Beispiel flache Hierarchien).

Die den langen Wellen zugeneigten Experten sind sich bei den ersten fünf Zyklen einig. Nachdem aber die Informationstechnik als Triebkraft der wirtschaftlichen Entwicklung nicht mehr wirkt, fragen viele nach der neuen Basisinnovation, die den sechsten Kondratjew-Zyklus auslöst. Diese ist noch nicht erkennbar. Geht es nach einer Umfrage des VDI, sehen Deutschlands Ingenieure in der wissenschaftlich-technischen Entwicklung die entscheidenden Wachstumsimpulse für die Zukunft. Bei ihnen rangiert die Nanotechnologie auf Platz 1, gefolgt von der Biotechnologie und IKT auf den Plätzen 2 und 3.

Der die Kondratjew-Diskussion anführende, oft zitierte Ökonom Leo A. Nefiodow meint, dass sich ein gewaltiger Gesundheitsmarkt entwickeln wird, aus dem andere Wirtschaftsbereiche Wachstumsimpulse empfangen. Nefiodow: „Im sechsten Kondratjew-Zyklus wird der gesellschaftliche Bedarf nach Gesundheit im Vordergrund stehen. Nicht nur rein körperliche Gesundheit, wie wir sie heute verstehen, sondern in einem ganzheitlichen Sinne: auch seelische, ökologische und soziale Gesundheit." Gemeint ist nicht der Erste Gesundheitsmarkt mit Krankenkassen und Kliniken, sondern der private Präventions-, Fitness- und Wellnessmarkt. Wenn das stimmt, wird es einen gewaltigen Schub hin zu Pflegeberufen geben.

Warum sollte ein singulärer, nicht-industrieller Markt den sechsten kondratjewschen Zyklus anstoßen? Überhaupt: Wie sicher sind die nächste Basisinnovation und das Auftreten von Pionierunternehmen? Warum sollen sich die Zyklen wiederholen wie Ebbe und Flut? Die kondratjewschen Wellen waren allesamt Produkte der Industriegesellschaft. Gelten sie auch für immaterielle Wirtschaftsgüter der kommenden Wissensepoche? Garantiert das Gestern und Heute zukünftige Langzeitzyklen der Weltwirtschaft?

Die Theorie der langen Wellen hat auf viele Menschen einen starken Reiz, da sich das Auf und Ab mit ihrer Erfahrung deckt und eine scheinbare Erklärung für die wirtschaftliche Langfristentwicklung gegeben wird. Ob es eine lange, neue Konjunkturwelle, ausgehend von einer Basisinnovation oder Leitbranche geben wird, kann niemand solide voraussagen, ohne in das Fahrwasser des Spekulativen abzugleiten. Ich empfehle, sich an den Pionier-Soziologen Max Weber zu halten. Er bezeichnet Theorien, die objektive Gesetze des geschichtlichen Verlaufs entdeckt haben wollen, als Schwindel. (November 2016)

48. Arbeit macht arm
Plädoyer für eine gerechte Verteilungspolitik.

„Eigentlich verdiene ich viel, aber bekomme zu wenig", lautet ein gern genutztes Bonmot. Volkswirtschaftlich gesehen trifft das durchaus zu. Von 2000 bis 2012 sank der Anteil der Lohnquote am Volkseinkommen von 72,2 auf 67,9 Prozent. Die restlichen 30,1 Prozent entfallen mit steigender Tendenz auf Unternehmergewinne und Kapitaleinkünfte. Zwar sind die Löhne im gleichen Zeitraum um 26,3 Prozent gestiegen, das aber bei einer Preissteigerungsrate von 23 Prozent. Die Reallohnsteigerung betrug also gerade einmal 3,3 Prozent.

Leider wurde auch der Kuchen des Produktivitätsfortschritts sehr ungleichmäßig beziehungsweise fast gar nicht geteilt. Früher galt das fast schon ungeschriebene Gesetz, dass sich Löhne und Produktivitätsfortschritt im Gleichschritt bewegen müssen. Heute fallen die Früchte des Produktivitätszuwachses allein den Unternehmen zu.

Die Verarmung nimmt zu. Ein genauer Blick auf die hinkende Lohnentwicklung von 2000 bis 2012 zeigt, dass es sich vorwiegend um ein Problem von atypisch Beschäftigten und Niedriglöhnern handelt. Bei den ärmsten 10 Prozent der Haushalte schlagen Lohneinbußen am stärksten zu Buche, so dass sogar die Deutsche Bundesbank 2014 höhere Tarifabschlüsse empfahl. Während die Normalverdiener ein Jahreseinkommen von 32.500 Euro erzielen, sind es bei einem Fünftel der Berufstätigen nur 16.000 Euro – weniger als der EU-Durchschnitt. Man kann also von einer Verarmung der Armen sprechen und weniger vom Reicherwerden der Normalverdiener.

Wer wenig verdient, kann wenig sparen. Einkommens- und Vermögensungleichheit bedingen sich wechselseitig. Die vermögensärmsten 40 Prozent der Deutschen konnten kaum Vermögen aufbauen, während sich knapp ein Drittel des Nettovermögens auf den Konten von nur einem Prozent der Superreichen befindet.

Das ist der deutsche Beweis für den Befund des vieldiskutierten Starökonomen Thomas Piketty, wonach die Rendite auf Kapital in diesem und im vergangenem Jahrhundert höher war als der Zuwachs von Löhnen und Gehältern, ja sogar höher als das gesamte Wirtschaftswachstum. Er drückt das kurz und knapp mit der Formel r > g (rendite > growth) aus. Warren Buffet übersetzt das so: „Wenn es einen Klassenkampf gibt, dann ist meine Klasse der Gewinner".

Statt Wohlstand für alle gilt Wohlstand für wenige. Was die Vermögensmobilität angeht, so gilt: Arm bleibt arm und Reich wird immer reicher. Zumeist sind es fette Erbschaften, die niedrige Steuern und ein finanziell sorgenfreies Leben garantieren. Es scheint, dass die amerikanische Krankheit der Unterschichtenexklusion die Ära des sozial regulierten Kapitalismus beendet. Statt Wohlstand für alle (Ludwig Erhardt) gilt jetzt Wohlstand für wenige.

In Deutschland werden vor allem von Berufstätigen hohe Steuern erhoben und in die Umverteilungsmaschinerie eingeleitet. Trotzdem, so meinte die OECD schon 2011, konnte das Auseinanderdriften von Arm und Reich nicht verhindert werden. Marcel Fratzscher, Präsident des Deutschen Instituts für Wirtschaftsforschung, sieht in der Umverteilung keine Lösung, denn es wird zu viel von Bessergestellten zu ihresgleichen umverteilt. Er und mit ihm die OECD fordern ein effizientes System der Umverteilung. Eines, das nach unten hin wirksam ist und Chancengleichheit von Kindesbeinen an schafft.

Die neofeudale Ungleichheit drückt das Wirtschaftswachstum, die Produktivität und Nachfrage, wirkt negativ auf das Bildungsniveau und die Gesundheit, spaltet die Gesellschaft und führt zu Resignation vieler Menschen. (Dezember. 2016) 49. Digitale Arbeitssklaven

Vorboten der neuen Arbeitswelt? Crowdworking, Croudsourcing, Clickworker, Gig-Economy. Klingt irgendwie interessant. „Croud" hat etwas mit Menge, „Sourcing" mit Auslagerung und „Gig" mit Auftritt zu tun.

Immer mehr Menschen suchen auf virtuellen Plattformen nach Möglichkeiten für einen Gig. Sie wollen einen der angebotenen Mikrojobs ergattern, die sie von zu Hause am PC erledigen können. Unternehmen, die ein kleines Programm, eine Illustration oder einen Text benötigen, wenden sich an eine Plattform-Agentur, wie beispielsweise Clickworker, AppJobber oder Mylittlejob. Hier finden sie jemanden, der kleine Arbeiten für kleines Geld erledigt.

Viele namhafte Unternehmen nutzen Crowdworking, oft auch zur Ideenfindung. Die Ideen werden „pro Stück" bezahlt. Beispiel: „Schicke uns Deine Idee für einen revolutionären Fahrradgepäckträger". Oder: „Fotografiere in Deinem Wohnort ein Dutzend Speisekarten deutscher Restaurants". Aber es geht auch größer. Warum soll man eine global agierende Werbeagentur beschäftigen, die für teures Geld drei bis fünf Entwürfe präsentiert, wenn man Dutzende, ja Hunderte Freischaffende für wenig Geld aus der Crowd-Cloud geliefert bekommt?

In jeder Idee stecken schmackhafte Rosinen, auch wenn der Kuchen nicht schmeckt. Das kann auch nicht anders sein, da Unternehmen aus einem riesigen Talentpool schöpfen. Keiner ist so schlau wie alle. So halfen etwa 8.000 Clickworker der Deutschen Bank, Ideen zu neuen Bankdienstleistungen zu entwickeln. Sie standen im Wettbewerb um Honorar, Beachtung und Anerkennung. Crowdworking treibt den Konkurrenzkampf auf die Spitze. Einer gegen alle, alle gegen einen. Das ist purer Neoliberalismus.

Crowdworking - ein neuer Arbeitsmarkt? Nach Informa-tionen der Internationalen Arbeitsorganisation (ILO) stehen weltweit 20 Millionen „Heimwerker auf Abruf" bei den elf großen Crowd-Plattformen unter Vertrag, davon 750.000 in Deutschland. Die Agentur Clickworker berichtet, dass von ihren 700.000 registrierten Nutzern nur vier Personen etwa 2.000 Euro pro Monat erlösen. Im Durchschnitt sind es 144 Euro. Dennoch: Es sind freie Unternehmer, die vom handelsrechtlichen Status Wirtschaftsgrößen wie Piech und Albrecht auf Augenhöhe begegnen. Vom Verstand her könnten sie es, denn 50 Prozent der digitalen Tagelöhner sind Akademiker.

Crowdworker erledigen das, was normale Angestellte tun, aber nicht in einem normalen Arbeitsverhältnis mit Arbeits- und Tarifvertrag, Sozialversicherung und Urlaub, Kündigungsschutz und Streikrecht. Statt Gehalt gibt es Gagen. Etwa 40 Prozent sind Freiberufler oder Selbständige, je 20 Prozent Studenten und Vollzeitmitarbeiter.

Auftraggeber betonen im Brustton der Überzeugung, dass es ihnen um das innovative Potenzial der Crowd gehe, nicht um die Ausbeutung digitaler Prekarier. „Vielleicht ist das tatsächlich nicht ihre Absicht – aber trotzdem das Ergebnis", heißt es in der ZEIT.

Freie Zeiteinteilung versus Selbstausbeutung. Fragt man Crowdworker nach ihrer Erfahrung und Meinung, betonen sie die Möglichkeit der freien Zeiteinteilung, die Abwesenheit von Hierarchie, und dass sie keine Akquise für neue Aufträge betreiben müssen. Dafür nehmen sie in Kauf, als digitale Tagelöhner unterhalb des Mindestlohns zu arbeiten und sich dabei selbst auszubeuten. Wie man liest und hört, arbeiten einige bis zu 80 Stunden.

Crowdagenturen sind ein Teil des Plattformkapitalismus, bei dem Vermittlungsmonopole, wie beispielsweise HRS, Immoscout24, Amazon oder airbnb zwischen die Marktteilnehmer treten und abkassieren. Hier wirkt nicht die unsichtbare Hand des freien Marktes. Es geht um die Vorgaben der Plattformbetreiber und Risiko-Kapitalgeber des Silicon Valley. (Januar 2017)

50. Bleib so scheiße wie Du bist
Der Zwang zur Selbstoptimierung

Der Blick in den Stellenteil überregionaler Tageszeitungen zeigt: Es werden nicht nur Mitarbeiterinnen und Mitarbeiter gesucht, sondern Persönlichkeiten. Sie sollen kreativ, entschlossen, verantwortungsvoll, teamfähig, belastbar und verhandlungsstark sein, also über das Alltägliche hinausragen. Diese Anforderungen der Berufswelt von heute mögen ein Grund dafür sein, warum viele den Wunsch haben, ihre Persönlichkeit zu optimieren.

In diesem Wunsch zeigt sich die Wirkung der Werbung, die uns rund um die Uhr, sozusagen im Dauerbeschuss, unsere verbesserungsbedürftigen Persönlichkeitsmängel aufzeigt. Wir sind nicht mehr frei uns zu entwickeln, wir sind gezwungen. Jeder arbeitet gleichzeitig an mehreren Selbstverbesserungsprojekten; denn wir sind nicht die Personen, die wir heute sind, sondern die, die wir morgen sein könnten.

Persönlichkeitskompetenz als Qualifikationskriterium

Zum Glück gibt es Hunderte von Anleitungen zur Persönlichkeitsentwicklung und jede Menge Persönlichkeitsentwickler, die uns den Weg in das Reich der Erlösung weisen. So wirbt zum Beispiel ein Anbieter mit einer „gezielten und umfangreichen Persönlichkeitsentfaltung und Persönlichkeitsentwicklung", so dass aus dem Leben ein „Meisterwerk" wird. Wie „wirksam" dieser Anbieter arbeitet, ist den Homepage-Berichten von Teilnehmern zu entnehmen: „Je älter ich wurde, desto größer wurde meine Angst vor dem Tod. Seit der Rückführung bei dir habe ich keine Angst mehr", heißt es da. Oder: „Die Veränderungen, die ich in meinem Leben erreicht habe, hätte ich mir nie erträumen lassen."

Ein anderer Anbieter, gleichzeitig der Autor eines Buches, schreibt: „Wir leben unsere Jobs, unsere Projekte, unsere Freund- und Partnerschaften wie auch unsere Sehnsüchte nur zu maximal 30 Prozent. Sie sitzen auf einem Vulkan der Möglichkeiten! Gönnen Sie sich den ‚Ausbruch' der restlichen, wesentlichen 70 Prozent Lebendigkeit, indem Sie sich der Frage stellen: Was will Ihr Eros?" Er fordert seine Leser dazu auf, ihre „innere Goldmine" mittels ihrer „Ich-Marke" erstrahlen zu lassen. Ich meine, seine Anhänger sollten darauf achten, ihren Geist nicht verstrahlen zu lassen und weniger darüber nachdenken, warum sie bisher scheiterten und wie sie es dieses Mal schaffen. Es kostet Kraft und Mühe, stets das Beste aus sich machen zu wollen. Interessenten und Teilnehmer, die erkennen, dass sich hinter vielen Angeboten Quacksalberei verbirgt, haben einen ersten Schritt hin zum Erfolg gemacht.

Nutzlose Ratgeber für ein erfolgreiches Leben

Heinrich Heine sagte einmal: „Gott hat die Esel geschaffen, damit sie dem Menschen zum Vergleich dienen können." Anbieter von Persönlichkeitsentwicklungscoachings und –seminaren fungieren als Seelenklempner. In Buchhandlungen stehen Regale, prall gefüllt mit Selbstoptimierungsliteratur. Hier findet man die Rezeptbücher für die Berufskarriere, die Ratgeber für schnellen Reichtum und die Stufenprogramme für ein erfolgreiches Leben. Die Titel lauten so oder so ähnlich: „Erfolg durch …", „Glücklich werden mit …", „Erfolg durch innere Ruhe", „Erfolg durch Zielsetzung", „Erfolg durch Zen-Meditation" und so weiter. Es fällt auf, dass die Begriffe Erfolg und Selbstoptimierung wie eine Stopfgans benutzt werden. Man fragt sich, was sich nicht als Erfolgswerkzeug für die eigene Persönlichkeitsentwicklung eignet. Im Zweifelsfall aber rate ich, in Anlehnung an einen SPIEGEL-Bestseller von Niazi-Shahabi: Bleib so scheiße, wie du bist! (Februar 2017)

51. Konfrontation statt Kooperation
Sozialpartnerschaft auf dem Prüfstand

„Arbeitgeber und Betriebsrat arbeiten unter Beachtung der geltenden Tarifverträge vertrauensvoll und im Zusammenwirken mit den im Betrieb vertretenen Gewerkschaften und Arbeitgebervereinigungen zum Wohl der Arbeitnehmer und des Betriebs zusammen." So will es das Betriebsverfassungsgesetz (BetrVG) aus dem Jahre 1972 – und so wurde es als Teil des „deutschen Modells" jahrzehntelang praktiziert.

Aber irgendwie scheint Sand ins Getriebe gekommen zu sein. Immer öfter erschweren Konflikte diese Zusammenarbeit. Es handelt sich aber nicht um die aus gegensätzlicher Interessenlage resultierenden Auseinandersetzungen, sondern um das, was man in den USA „Union-Busting" nennt. Eingesetzt, um ein Unternehmen gewerkschafts- und betriebsratsfrei zu halten. So ist McDonald's auch in Deutschland sehr bemüht, die Gründung von Betriebsräten abzuwehren, um die Anwendung von Tarifverträgen zu erschweren. Das Nichtvorhandensein eines Betriebsrats ist ein wertiges Argument für den Shareholder Value, vor allem bei Fusionen oder Verkäufen.

Bossing soll Betriebsräte verhindern. Für das, was auch als Bossing bezeichnet wird, bedienen sich Unternehmen heimlich installierter Kameras, engagieren Detektive oder greifen zum Mobbing. Rechtsanwälte bieten sich mit Beratungsleistungen, Vorträgen und Seminaren an, die da lauten: „So bekommen Sie den Betriebsrat, den Sie wollen." Oder: „Was tun, wenn Ihnen der Betriebsrat nicht passt." Oder: „Wie Sie kreative Gründe finden, um dem Betriebsrat zu kündigen." Anders als in Amerika wird das Bossing hier moderat zwischen den Zeilen formuliert.

In Deutschland wirken etwa 200.000 Beschäftigte als Betriebsräte, zumeist ehrenamtlich. Ab 200 Beschäftigten kann ein Mitglied des Betriebsrats von der Arbeit freigestellt werden. Diese Zahlen dürfen aber nicht darüber hinwegtäuschen, dass nur noch jeder zehnte Betrieb in Deutschland eine Interessenvertretung der

Arbeitnehmer hat – und das mit abnehmender Tendenz. Außerdem sagen diese Zahlen nichts über die Qualität der Interessenvertretung aus. Nicht alle Unternehmen haben einen Betriebsrat wie den von VW oder Porsche. In kleinen und mittleren Betrieben fehlt ein ernst zu nehmender Belegschaftsvertreter. Hier gehört sehr viel Mut dazu, die Kollegen von der Sinnhaftigkeit einer Belegschaftsvertretung zu überzeugen.

Manager als Belegschaftsspalter. Oft sind konkurrierende Listen der Auslöser für Konflikte. Folgende Konstellationen können dabei auftreten: Eine Gruppe eher kritisch-konfliktatorisch orientierter Arbeitnehmer wirft dem Betriebsrat Kumpanei mit der Firmenleitung vor und stellt eine eigene Liste auf. Oder man trifft auf Arbeitnehmer, die dem Betriebsrat eine zu große Gewerkschaftsnähe vorwerfen und darum eigene Kandidaten aufstellen. Das artet oftmals in Schlammschlachten mit Unterlassungserklärungen und Klageandrohungen aus.

Nicht selten ist es auch die Geschäftsleitung, die Einfluss nimmt, um einen ihr genehmen Betriebsrat zu installieren. Das war etwa 2007 der Fall, als bekannt wurde, dass Siemens-Manager Zahlungen an eine so genannte „Arbeitsgemeinschaft Unabhängiger Betriebsangehöriger" (AUB) geleistet haben, um eine konzerninterne Konkurrenz zur IG Metall zu schaffen. Auch ALDI-Nord soll sich der Dienste der AUB bedient haben, um eine Betriebsratswahl im Sinne des Konzerns zu beeinflussen.

Das deutsche Arbeitsrecht mitsamt BetrVG ist seiner Intention nach ein Schutzrecht und kein lästiger Kostenfaktor. Es ist Teil einer mitarbeiterorientierten Unternehmenskultur. Einzelne Problemfälle mit Querulanten sind kein Grund, die unternehmerische Freiheit so auszudehnen, dass die Sozialpartnerschaft dabei auf der Strecke bleibt. (März 2017)

52. Arbeitsweg = Leidensweg?
Die Kehrseite der Mobilität

Neuere in- und ausländische Studien machen auf die mit einem Weg zur Arbeit verbundenen Probleme aufmerksam. Ein Thema, das lange vernachlässigt wurde. Schon seit Jahrzehnten ist der Arbeitsweg kaum noch zu Fuß oder mit dem Fahrrad zu bewältigen. Öffentliche Verkehrsmittel schufen Abhilfe, aber nur dort, wo sie verkehren. Erst das Auto machte den Berufstätigen entfernungsmobil und ermöglichte auch lange Anfahrtswege.

Fluch und Segen liegen jedoch nah beieinander, wie neuere Zahlen belegen. Zwar wurde die Arbeitszeit in den vergangenen Jahrzehnten stetig kürzer, dafür die Anfahrtzeit von der Wohnung zum Arbeitsplatz immer länger. Gleiches gilt für den Rückweg. Das Bundesinstitut für Bau-, Stadt- und Raumforschung fand zum Beispiel heraus, dass ein Viertel aller Arbeitnehmer für einen Arbeitsweg länger als eine halbe Stunde brauchen. Schlimmer trifft es jene fünf Prozent aller Erwerbstätigen – etwa zwei Millionen Berufstätige – , die mehr als eine Stunden zur Arbeitsstätte benötigen. Vergleicht man diese Zahlen aus dem Jahr 2016 mit denen aus einer Studie des Jahres 1991, ergibt sich ein Anstieg um 20 Prozent. In die Stadt München pendeln täglich 355.000 Arbeitnehmer ein und aus, was einer Steigerung von 21 Prozent seit 2000 entspricht. In anderen Metropolen sieht es nicht besser aus. Aber nicht nur das: In den letzten Jahren ist auch der Weg zum Arbeitsplatz länger geworden, von durchschnittlich 15 Kilometern im Jahr 2000 auf 17 Kilometer im Jahr 2016. Überdurchschnittlich weit ist der Arbeitsweg von Berufstätigen, die an den Rändern regionaler Ballungszentren wie Hamburg, Stuttgart oder Frankfurt wohnen.

Die Ursachen hierfür liegen im Flächenverbrauch der Städte und damit verbunden im exorbitanten Anstieg der Mieten. Wer sich in Hamburg oder München keine Mietwohnung mehr leisten kann, steigt auf Bus und Bahn um oder nutzt den Pkw. Die Veränderungen in der Arbeitswelt verstärken diesen Trend. Wer als

Zeit- oder Leiharbeiter befristet mal hier und mal dort arbeitet, wird deswegen nicht umziehen, sondern akzeptiert einen längeren Arbeitsweg.

Mehr als die Hälfte aller Berufspendler benutzt den eigenen Pkw. Sie sind als Stauopfer besonders stressanfällig. Autofahrer, die mehr als 24 Kilometer zum Arbeitsplatz zurücklegen, neigen zu Übergewicht. Das mag mit ein Grund gewesen sein, warum sich auch deutsche Krankenkassen des Themas Arbeitsweg angenommen haben. Die Techniker Krankenkasse etwa spricht von einem erhöhten Risiko psychischer Erkrankungen bei Berufspendlern. Das Forschungsinstitut der AOK problematisiert die besonderen Belastungen von Wochenendpendlern.

Die Probleme der Wochenendpendler. Die Gruppe sogenannter „Übernachter" ist besonders belastet. Dazu zählen alle Berufstätigen, die mindestens 60 Nächte pro Jahr berufsbedingt außerhalb der eigenen vier Wände schlafen, vor allem Wochenendpendler und Saisonarbeiter. Das sind jene Menschen, die zunehmend in der zweigeteilten Pendlerwelt leben – von Montag bis Freitag am Arbeitsort und am Wochenende in der Familie. Besonders Akademiker und Berufsanfänger gehören zu den Berufsmobilen. Sie sind weniger karrieregetrieben, sondern wollen den sozialen Abstieg vermeiden. Pendeln oder Arbeitslosigkeit lautet die Alternative. Bei älteren Arbeitnehmern ist es das mit viel Mühen errichtete Haus in einer schönen Gegend, das man ungern aufgibt, um es irgendwo anders neu aufzubauen. Stattdessen setzen sich Paare mit dieser Lebensweise von Nähe und Distanz einer hohen Belastungsprobe aus, die sich in Erziehungsproblemen und einer hohen Scheidungsrate niederschlägt.

Es steht zu befürchten, dass die Situation nicht besser wird. Der Wunsch, in der Stadt zu wohnen, wird die Pendlerzahlen nicht mindern. Hohe Mieten und Grundstückspreise zwingen Berufstätige ins Umland und somit in den Pendlerstatus. Daraus folgt zugleich ein Verlust an Frei- und Familienzeit. Das Wohnen im Grünen hat insofern auch seine Schattenseiten. (April 2017)

53. Künstliche Intelligenz wird intelligenter
Jobkiller oder Mühsal-Befreier?

Das Industriezeitalter ersetzte die Muskelkraft des Arbeiters durch Maschinen. Im digitalen Zeitalter wird auch noch sein Gehirn ersetzt. Dafür sorgt die künstliche Intelligenz (KI). Sie ist der „Geist", der in Suchmaschinen, im Google-Übersetzer, im Google-Spracherkennungsprogramm, in selbstfahrenden Autos, Schachcomputern und vielen anderen Digitalsystemen steckt. Alles, was mit „smart" bezeichnet wird, wie smart home, smart factory oder smart mobility, ist ein Stück KI. Das selbstfahrende Auto steht als Paradebeispiel.

Mit der künstlichen Intelligenz steht uns eine digitale Revolution bevor, die ein neues Kapitel der menschlichen Zivilisationsgeschichte einleitet. Stephen Hawking, Bill Gates und Tesla-Gründer Elon Musk warnen vor den möglichen Folgen intelligenter Maschinen. Andere warnen vor solchen Warnungen, denn die KI sei noch weit davon entfernt, intelligent zu sein. Sie wird keine Gefühle, wie Hass oder Liebe, erzeugen und verarbeiten können. Wir befinden uns noch im Stadium der schwachen KI, weit entfernt von einer starken KI. Das hindert aber die Großen der Branche, wie Google oder Amazon, und mithin das ganze Silicon Valley, nicht daran, Programme und Geschäftsmodelle zur KI zu entwickeln. Google-Chef Sundar Pichai sagt hierzu: „Künstliche Intelligenz ist der Kern von allem, was wir tun."

Deep Learning – ein „digitales Perpetuum mobile"

Auf den Wegweisern der digitalen Businesswelt steht der Begriff „Deep Learning". Ihn wird man sich merken müssen. Hinter Deep Learning steckt die Idee, dass ein Computer auf der Grundlage von Beispielen und Erfahrung ein Software-Programm selbst schreibt. Ein Beispiel dafür ist der PKW-Roboter von Google. Nach einigen Millionen abgefahrener Kilometer hat er seine Aufgaben selbständig gelernt. Der SPIEGEL spricht hinsichtlich der KI von einem „digitalen Perpetuum mobile".

KI drängt weiter in unsere Arbeitswelt. Buchhalter, Lagerarbeiter oder Maschinenbediener werden von Robotern ersetzt, die niemals ermüden und ständig dazulernen. Die Professoren Osborne und Frey (Oxford) meinen, dass 18 Millionen US-Arbeitnehmer in Berufen arbeiten, die in den nächsten 10 bis 20 Jahren „informatisiert" werden könnten. Für Deutschland wurden vom Mannheimer Arbeitsmarktexperten Holger Bonin (ZEW) fünf Millionen errechnet. Experten prognostizieren das Ersparnispotenzial in den etablierten Branchen auf 14 bis 33 Billionen Dollar.

Von 600 auf zwei Mitarbeiter. Wie immer in solchen Stadien epochaler Umbrüche gibt es Pessimisten und Optimisten. Da sind einerseits diejenigen, die schlimme Folgen für Jobs und Einkommen befürchten, und andererseits all jene, die, vom digitalen Gold geblendet, in der KI-Goldgrube schürfen wollen oder eine von Mühsal befreite Arbeitswelt besingen. Der industrielle Fortschritt war stets von Klageliedern der Betroffenen begleitet. „Der menschliche Bediener verschwindet aus allem, was sich bewegt", sagt der KI-Pionier Frank Chen. Dank KI wird bei Goldman Sachs die Arbeit von ehemals 600 Parketthändlern nun von zwei Mitarbeitern erledigt. Um gesellschaftliche Großprobleme zu vermeiden, gründeten die Großen der IT-Branche einen Ethikrat.

Wie schon häufiger in der Wirtschaftsgeschichte werden Arbeitsplätze verschwinden, aber an ihre Stelle neue treten, meinen die Optimisten. Sie machen darauf aufmerksam, dass Länder mit der höchsten Roboterdichte, wie Japan, Südkorea und Deutschland, relativ wenig Arbeitslosigkeit haben. Wie lange wird es so bleiben? Die Pessimisten entgegnen, dass neue Technologien eine gewisse Zeit benötigen, bis sie ihre volle Wirksamkeit entfaltet haben. Dann aber kann es auf dem Arbeitsmarkt ungemütlich werden. Wen wundert es, dass die Themen Grundeinkommen und Maschinensteuer in letzter Zeit erneut diskutiert werden. Wir können uns auf interessante Diskussionen einstellen (Mai 2017).

54. Bürgergeld statt Sozialtransfer
Arbeit muss neu gedacht werden

Die möglichen Wirkungen künstlicher Intelligenz auf den Arbeitsmarkt und damit auf Volkseinkommen und Kaufkraft zwingen zum Nachdenken über Alternativen der Einkommensverteilung. Das bedingungslose Grundeinkommen ist einer der Vorschläge. In der Schweiz stimmten bei einer Volksabstimmung 2017 mehr als Dreiviertel der Wahlbürger gegen die Einführung eines Grundeinkommens von 2.500 Franken. In Finnland wird seit 2017 ein Grundeinkommen testweise gezahlt.

Viele Köpfe haben sich mit Gestaltungsvorschlägen zu Wort gemeldet, ebenso Parteien, Gewerkschaften, Wissenschaftsinstitute oder auch Unternehmer, wie dm-Gründer Götz Werner. Die einen plädieren für ein bedingungsloses Grundeinkommen, für das keine Gegenleistung zu erbringen ist. Andere, so die FDP, fordern einen Ausgleich. Im Lager der CDU gärt diese Idee: Bürgergeld für alle, für Arme und Reiche; im Gegenzug Streichung aller Sozialleistungen wie Kindergeld, Mietzuschuss, Arbeitslosengeld, Hartz IV, Kilometer-Pauschale oder Krankengeld.

Je nach Modell sind Zahlungen bis maximal 1.500 Euro monatlich vorgesehen. Hiervon versprechen sich die Befürworter einen Abbau der wuchernden Sozialbürokratie mit ihren über 100 Transferformen sowie eine Vereinfachung des Steuersystems mit seinen diversen Freibeträgen.

Für und Wider das Bürgergeld. Die Gewerkschaften hingegen befürchten, dass der Sozialstaat geschliffen werden soll und die Mittelschicht letztendlich für das Grundeinkommen zahlt. Von einer ‚Stilllegungsprämie' spricht die SPD. Andere befürchten eine Flucht aus der Eigenverantwortung und Arbeit und warnen vor den nicht absehbaren Folgen bei geringfügigen Veränderungen der Sozialarchitektur und der Sogwirkung auf Migranten. Die Grünen halten das bedingungslose Bürgergeld für nicht finanzierbar. Von links wird das Fehlen des Sozialaspekts bemängelt, da Arme wie Reiche in den Genuss der Staatsrente kommen und Unternehmen mit Hinweis auf das gesicherte Existenzminimum Lohndumping praktizieren könnten. Statt eines staatlichen Basisgelds werden Vollbeschäftigung oder höhere Mindestlöhne verlangt. Das Thema ist im öffentlichen Bewusstsein.

Arbeit muss neu gedacht werden. Zur Finanzierung werden diese und andere Vorschläge gemacht: Besteuerung des Einkommens (Lohnsteuer) und des Konsums (Umsatzsteuer), der Nutzung natürlicher Ressourcen und des Geldverkehrs (Finanztransaktionssteuer). Unlängst preschte der ehemalige Direktor des Hamburgischen Weltwirtschaftsinstituts, Thomas Straubhaar, erneut mit einem Vorschlag vor. Er begründet ihn mit den Veränderungen in der Gesellschaft und Arbeitswelt. Denn: Niemand arbeitet mehr 45 Jahre am Stück. Die klassische Familie ist immer weniger der Normalfall. Arbeit muss neu gedacht werden.

Straubhaar schwebt ein Betrag von ungefähr 1.000 Euro monatlich pro Person vor, mit dem alle staatlichen Zuwendungen abgegolten sind. Zugleich plädiert er dafür, alle Sozialversicherungen, den Kündigungsschutz und den Mindestlohn abzuschaffen. Die Globalisierung sei für die Menschen kein wirklicher Fortschritt gewesen, bei der Digitalisierung dürfe das nicht nochmals passieren. Das aber droht, wenn menschliche Arbeit durch Roboter ersetzt wird. „Wir müssen Mittel finden, dass sich die Gesellschaft durch Globalisierung und Digitalisierung nicht weiter polarisiert," so Straubhaar in einem SPIEGEL-Interview.

Wie das Modell im Endeffekt aussieht, hängt von den gesellschaftlichen und arbeitsmarktpolitischen Gegebenheiten, vom Produktivitätsfortschritt und dem politischen Kräfteverhältnis zum Zeitpunkt seiner Einführung ab. Da aber die Industriegesellschaft ein Auslaufmodell ist und Vollbeschäftigung eine Begleiterscheinung des Wirtschaftswunders war, muss sich die Gesellschaft neu organisieren. Bürgergeld wird ein Element dieser Neuorganisation sein (Juni 2017).

55. Industrie 4.0 und das Internet der Dinge
Der Siegeszug des Internets in der Fertigung

Man stelle sich eine fast menschenleere Fabrikhalle vor, in der Fahrroboter wie von Geisterhand gesteuert Fertigungsanlagen und Abfüllstationen anfahren, um Rohlinge, Halb- oder Fertigprodukte anzuliefern oder abzuholen. Die zu erledigenden Arbeitsschritte wurden nicht in die Maschine einprogrammiert, sondern kommen von dem Werkstück, das zu bearbeiten ist. Dieser Rohling ist „intelligent". Der Kunde kann den Produktionsstand seines Auftrages online kontrollieren und sich beruhigt zurücklehnen. „Alles paletti". Die Produktionsdaten gehen automatisch in die Tablets oder Smartphones der Mitarbeiter einschließlich der LKW-Fahrer, damit diese entsprechend disponieren können. Natürlich „denkt" auch die Maschine mit und gleicht den Auftrag mit dem noch vorhandenen Material und gibt Order an das jeweilige Transportsystem, Nachschub beizubringen. In der Buchhaltung wird der Auftrag automatisch fakturiert.

Industrie 4.0 ermöglicht die vertikale Integration von technischen und kaufmännischen Aufgaben und Prozessen. Tritt nun aber doch ein Problem auf, beispielsweise der Ausfall eines Fertigungsroboters, ergeht Meldung an das Werkstück, das sich nun eine andere Fertigungsstation sucht, soweit diese verfügbar ist. Auch das geschieht vollautomatisch. Ist das Fertigungsmodul nicht „ansprechbar", prüft das intelligente Produkt, ob gegebenenfalls der übernächste Produktionsschritt vorgezogen werden könnte. Das war und ist heute noch Sache der Fertigungsplanung. Im 4.0-Zeitalter prüft und entscheidet der eingebettete Mikroprozessor darüber. Er klärt mittels M2M-Kommunikation (Mensch-zu-Maschine) in Sekundenschnelle die Situation und trifft seine Entscheidungen. Das sich bisher passiv verhaltende Material bekommt eine aktive Rolle.

Eingebettete Systeme. Das Attribut „intelligent" wird dem Produkt durch einen erbsengroßen Mikroprozessor verliehen, der sich im oder am Produkt befindet. Hierfür hat sich der Begriff

„eingebettete Systeme" (Embedded Systems, ES) durchgesetzt. Eingebettete Systeme sind Kombinationen aus Kleinstcomputer und Software, die in andere Systeme (Geräte) eingebettet diese kontrollieren, steuern und regeln. Beispiele: Herzschrittmacher, implantierte Biosensoren, Mikrowellen-Geräte, ABS, Handys, Navigationssysteme. Der Chip kann als eine Art Fingerabdruck im Produkt verbleiben, so dass es lokalisierbar oder identifizierbar ist. Im Haushalt findet man solche ES an Heizkostenerfassungsgeräten, die nicht mehr abgelesen werden brauchen, weil sie den Verbrauch funkgesteuert, beispielsweise an Techem, melden.

Individualisierung des Produkts Plötzlich meldet sich ein guter Kunde mit einem Sonderwunsch, der schnellstens erfüllt werden soll. Er benötigt 500 Produkte, beispielsweise Kurbelwellen. Die Produktion arbeitet gerade an einem Auftrag für einen anderen Abnehmer mit einer Losgröße von 10 000 Stück. Im Normalfall ist es fast unmöglich, den Sonderauftrag in die laufende Produktion einzuschleusen, ohne das immense Kosten entstehen. Es gilt die Regel: Je mehr identische Produkte im Fertigungsfluss, umso geringer die Kosten (economy of scale).

In der 4.0-Produktion wären sogar Losgrößen von 1 – also Unikate – machbar. Eine individuelle Fertigung erscheint möglich. Ein Rohling wird mit einem Chip ausgestattet und sucht sich seinen Weg durch die Produktion. Leider steht keine Maschine für die volle Bearbeitungszeit zur Verfügung. Der Rohling hilft sich, indem er die Leerlaufzeiten an anderen Maschinen nutzt. Das Unikat wird rechtzeitig fertig. Wir beschreiten eine Schleife von der Einzel- zur Serienfertigung zurück zur Einzelfertigung, letztere ohne Produktivitätsverlust.

Dezentralisierung der Fertigung. Heute noch werden die Abläufe zentral von der Produktionsleitung gesteuert und der Arbeitsvorbereitung koordiniert. Im nächsten Jahrzehnt geht die Initiative vom Werkstück beziehungsweise dem eingebetteten Chip aus, in dem das Fertigungsprogramm für die Maschine nebst virtuellen Zeichnungen gespeichert ist. Das Produkt dient als

Informationsträger, auf dem alle Prozessparameter gespeichert sind. Die von der ISO 9001 geforderte Rückverfolgbarkeit von Produkten wird hier bestens gewährleistet. Es steuert sich selbst durch die Produktion. Wir gehen in das Zeitalter dezentraler Fabrikation. In der „integrierten 4.0-Fabrik",wird nicht mehr sequentiell, also der Reihe nach gearbeitet, wie man es vom Fließband her kennt, sondern entkoppelt, flexibel und integriert. Sie besteht aus Fertigungsinseln, Anlagen oder Robotern, die eine Vielzahl von Operationen ausführen können. Die Kommunikation erfolgt funkgesteuert über das Internet, da eine Verkabelung der Fabriksysteme von der Menge her kaum denkbar wäre. Der Mate rialtransport erfolgt über funk- und sensorgesteuerte Transportsysteme.

All dies deutet auf einen Paradigmenwechsel hin. Hierfür wurde der Begriff „Industrie 4.0" kreiert. Diese IT-affine Nummerierung weist auf den Charakter der 4.0-Version industrieller Fertigung hin. Sie wird nicht durch Wasser- und Dampfkraft oder Elektrizität getrieben, sondern durch das Internet.

Cyber-physical System. Die Fertigungssysteme und Produkte der „smart factory", so eine der Bezeichnungen für die zukünftige Produktionsweise, sind mit eingebetteten Systemen ausgestattet, die vernetzt funktionieren. Man spricht von „cyberphysical systems" (CPS). Ein Cyber-physical System ist ein Verbund von mechanischen und elektronischen Komponenten, die über ein Netz miteinander kommunizieren und sich koordinieren. Bei diesen Komponenten handelt es sich in der Regel um eingebettete Systeme, die jetzt im Verbund wirken. Da ein CPS aus mehreren, oftmals autonomen Einzelteilen besteht, wird es als „system of systems" charakterisiert. Hier gilt die aristotelische Erkenntnis, nach der das Ganze mehr als die Summe seiner Teile ist.

Internet der Dinge. Immer mehr drahtlose IKT-Komponenten dringen in den Alltag der Menschen und die Berufswelt ein. Diese sind als Bestandteil von „Dingen" (Produkte,

Gegenstände, Objekte) drahtlos vernetzt und in der Lage, ihre Umwelt zu erfassen und interaktiv zu reagieren. Das Internet besteht also nicht mehr nur aus Menschen, sondern auch aus Dingen – darum der Begriff „Internet der Dinge".

Beim Internet der Dinge werden Gegenstände jedweder Art durch Programmierbarkeit, Speichervermögen und Sensoren intelligent, kommunikations- und steigerungsfähig. Grundlage ist RFID (Radio Frequency Identification).

Im klassischen Computing waren reale und virtuelle Welt strikt getrennt. Das dingliche Internet hat den Prozess der Verschmelzung beider Welten in Gang gesetzt. Die Fusion wird über die beschriebenen CPS hergestellt, durch das Zusammenspiel von eingebetteten Systemen, Anwendungsgeräten und IKT-Infrastrukturen. Um zweckorientiert zusammenzuwirken, erhalten Gegenstände eine „persönliche" Internet-Adresse, die für die Interaktion auf der Basis von Internetprotokollen notwendig ist.

Die Voraussetzungen hierfür sind durch das neue Internetprotokoll IPv6 gegeben. Waren bis vor kurzem nur 4,3 Milliarden Internetadressen möglich, sind es jetzt 340 Sextillionen (nummerisch: 340.000.000.000.000.000. 000.000.000.000.000.000.000).

Internet der Dienste. Das Internet für sich allein ermöglicht keine praktische Nutzung. Millionen von Computern sind lediglich ein „leeres" Netzwerk. Es bedarf entsprechender Dienste, die gewünschte Aufgaben erledigen. Im World Wide Web werden Webseiten übertragen. Outlook ermöglicht den Empfang und Versand von E-Mails. Wer über eBay ein- oder verkauft oder bei Google sucht, bewegt sich im Internet der Dienste. Er nutzt einen Dienst, ohne die Software installieren zu müssen. Die wird aus der „Wolke" (Cloud) abgerufen. Hier spricht man vom „Internet der Dienste".

Von der Wertschöpfungskette 3.0 zum Wertschöpfungsnetzwerk 4.0. Industrie 4.0 soll nicht nur die Produktivität vorantreiben, sondern auch die Chance zu neuen Geschäftsmodellen bieten. Schon heute beherbergen viele Industrieunternehmen unter ihrem Dach interne und externe Dienstleister, etwa im Marketing, Rechnungswesen, Vertrieb und Personalbereich. Viele Dienstleistungen sind um einen Industriearbeitsplatz herum angesiedelt. Insbesondere im IKT-Bereich wird sich eine Vielzahl neuer Dienstleistungsjobs entwickeln. Hier ist, so wie seit vielen Jahren, der größte Zuwachs zu erwarten, insbesondere im Softwarebereich. Wenn die virtuelle mit der realen Welt immer mehr verschmilzt und Daten immens an Bedeutung gewinnen, könnte die Datenverarbeitung als Sekundärmarkt fast wichtiger werden als der Primärmarkt selbst. Es bieten sich auch Chancen für vielfältige Dienstleistungen. Das beschleunigt den Wandlungsprozess vom Produkthersteller hin zum produzierenden Dienstleister. Denkbar wäre, dass Fabriken nicht mehr produktorientiert, etwa als Telefonfabrik gebaut werden, sondern als Anbieter verwandter Produktionstechnologien. Für die Herstellung verschiedener Produkte ließe sich das Werk jeweils schnell umrüsten. Das Wissen und Können, über das früher der schwäbische Metallfacharbeiter oder der Solinger Besteckmacher verfügten, geht auf IKT-Fertigungskomponenten über. Verursacher des industriellen 4.0-Sprunges ist das Internet. Das Internet ist der Auslöser und (An-)treiber des industriellen Fortschritts. Man agiert in einem Netz. Wer an einem Tornetz unten zieht, verformt dessen symmetrische Struktur. Jeder Knoten im Netz hängt mit allen anderen Knoten zusammen. Darum wird auch die informationstechnische Vernetzung mit Zulieferern, Kunden und sonstigen Geschäftspartnern zu einem wichtigen Wettbewerbsfaktor. Jede Änderung am Produkt oder im Produktionsverlauf zieht aufwändige Tätigkeiten bei allen Geschäftspartnern nach sich. Diese erfordern den Einsatz abgestimmter, verzahnter IKT-Systeme. Man befindet sich in einem Wertschöpfungsnetzwerk. So bedenke man, dass 250 Systemlieferanten an der Herstellung der BMW-7er-Reihe mitwirken. 78 % der Wertschöpfung an PKWs wird von den Zulieferern geleistet und nur 22 von den Herstellern selbst. Im 4.0-Rahmen funktioniert die Zusammenarbeit zwischen den Automobilherstellern und deren Zulieferern aber nur, wenn die Kompatibilität der verschiedenen Dateiformate der Beteiligten gegeben ist. Die Partner eines Wertschöpfungsnetzwerkes müssen sich verständigen und Daten austauschen können. Sie benötigen Softwaresysteme die als „Simultandolmetscher" für die verschiedenen Softwaresysteme und Datenformate fungieren – oder eben einheitliche Softwareprogramme. Hier liegt gegenwärtig noch eines der zu lösenden Hauptprobleme. Es geht aber nicht nur um die Orchestrierung der Softwareanwendungen. Der Erfolg von Industrie 4.0 steht und fällt mit dem Zusammenwachsen von Maschinenbau, Automatisierung, Elektronik und IKT. Keine der Gruppen kann das Thema allein bewältigen. Zu bewältigen wären aber noch andere Probleme, beispielsweise die mangelnde Rechtssicherheit, ausreichende Bandbreiten, die Datensicherheit bei unternehmensübergreifenden Netzwerken, die Akzeptanz der 4.0-Version industrieller Arbeit und die Qualifikation der beteiligten Mitarbeiter.

Gewinner und Verlierer. Der Begriff „Vierte industrielle Revolution" klingt sehr brachial. Vielleicht sollte man den Buchstaben „R" streichen, so dass „Evolution" übrigbleibt. Bestimmte Entwicklungen könnten sich aber als Folge des Moorschen Beschleunigungsgesetzes und der Halbwertzeit des Wissens sprunghaft vollziehen. Auch Lean Management war zunächst ein schwaches Signal im Business-Äther, wurde schnell stärker und ist heute Industriealltag. Alles, was dauert, währt zu lange, vor allem, wenn die Schätzungen des aus 4.0 resultierenden Produktivitätsfortschritts zutreffen: 30 % Produktivitätsfortschritt (!) im Kontext von Industrie 4.0 bedeutet aber auch, menschliche durch maschinelle Arbeit zu ersetzen. Das impliziert einen weiteren Rückgang des prozentualen Anteils der in der Industrie beschäftigten Menschen. Von 1991 bis 2007 fiel dieser Anteil von 29 auf 20 % und wird bis 2020 nach Schätzungen des Autors nochmals um 5 Punkte sinken, ohne Berücksichtigung der aus Industrie 4.0 resultierenden Zusatzeffekte. Nach einer volkswirtschaftlichen Faustregel steigt die Arbeitslosigkeit um ein Prozent pro drei Prozent gewachsener Wirtschaftsleistung. Gleichwohl wird der Anteil wissensbasierter Tätigkeiten in der Industrie zunehmen, in F&E, Konstruktion, Marketing, Personal und Rechnungswesen. Fast zeitgleich zu Beginn der Diskussion um Industrie 4.0 gaben zwei renommierte Arbeitsmarktforscher des Massachusetts Institute of Technology, McAfee und Erik Brynjolfson, ihre Untersuchungsergebnisse über den Zusammenhang von Digitalisierung und Arbeitsabbau bekannt. Sie kamen zu dem Ergebnis, dass die digitale Revolution mehr Jobs vernichten würde, als sie neue schaffe. Die Ökonomen warnten vor tektonischen Verschiebungen in der Arbeitswelt. Natürlich wissen die MIT-Forscher, dass die digitale Revolution weltweit neue Arbeitsplätze schuf. Jede Arbeit brachte neue Arbeit hervor. Aber was ist, wenn auch die neu geschaffene Arbeit größtenteils informatisiert und automatisiert verrichtet wird? Viele IT-basierte Tätigkeiten befassen sich letztendlich mit Algorithmen. Je nach dem Grad ihrer Strukturierung können solche Jobs auch von einer Maschine verrichtet werden. Die Liste der Tätigkeiten, in denen Maschinen besser sind als Menschen, wird immer länger. Der Kampf „Mensch gegen Technik" könnte zugunsten der Technik entschieden werden.

Literatur: Bundesministerium für Wirtschaft und Technologie (BMWi): AUTONOMIK für Industrie 4.0 Produktion, Produkte, Dienste im multidimensionalen Internet der Zukunft. Berlin, 2012. Promotorengruppe Kommunikation der Forschungsunion Wirtschaft – Wissenschaft: Kagermann, H.; Wahlster, W.; Helbig, J.: Deutschlands Zukunft als Produktionsstandort sichern. Umsetzungsempfehlungen für das Zukunftsprojekt Industrie 4.0. Abschlussbericht des Arbeitskreises Industrie 4.0, Berlin, 2013.

Walter Simon

Das Bad Nauheim Desaster

Die unendliche Geschichte seines
Thermalbades

Ein ortsgeschichtlicher Beitrag

56. Megatrend Individualisierung
Lebensgestaltung 4.0

„Früher war alles besser", hört man aus dem Munde jener Menschen, die von Komplexität und Dynamik geschüttelt, Orientierung und Halt suchen. Früher trat der Sohn in die beruflichen Fußstapfen seines Vaters, ging vielleicht in die Gewerkschaft. Die Familie schlenderte sonntags zur Kirche und befolgte die Wahlempfehlung des Ortsgeistlichen. Junge Frauen pflegten ihren „Weibeswert", um möglichst jungfräulich in die Ehe zu gehen. Traditionen, soziale Rituale, Religion, Heimat- und Vaterlandsliebe sorgten als Bindemittel. Heute ist die Vorstellung davon, was „normal" ist, ins Wanken geraten. Erfahrungen und Meinungen der Elterngenerationen sind für die Jungen zunehmend altbacken, ja sogar unverständlich. „Normal" ist nicht mehr das schicksalhaft Gegebene, sondern das, was Normalbürger als abnormal empfinden.

Jeder darf das sein, was er will. Da soziale Orientierungs- und Entscheidungsstützen, wie etwa Kirche und Glaube, Dorf und Nachbarschaft, Fabrik und Kollegen, immer mehr zerfallen, sind Menschen gezwungen, unabhängig von ihren Orientierungsgebern respektive Vorbildern zu denken, zu handeln und den Lebensweg zu steuern. Niemand besitzt mehr Handlungsvollmacht über die Biographie anderer Menschen. Jeder darf das sein, was er sein will. Insbesondere Frauen streben eine berufliche Tätigkeit an, die ihnen bei der Ich-Findung und Selbstwerterzeugung dienlich ist. Die sogenannte Generation Y wünscht Sinn und Selbstverantwortung.

Es gibt mehr Angebotsoptionen als früher. Da die gewachsenen Strukturen der Industriegesellschaft und des Sozialstaats zeitgleich zerbröseln, ist der Mensch dem Arbeitsmarkt mit allen Risiken und Widersprüchen ausgesetzt. Das Individuum ist auf sich allein gestellt. Es wird zu einer hochindividuellen Lebensgestaltung gezwungen.

Individualität als Leistungsstimulus. Dieser Megatrend der Individualisierung wird von der Arbeitswelt noch verstärkt. Unternehmen begrüßen es, wenn Arbeitnehmer ihre eigenen Vorstellungen in die Arbeit einbringen. Arbeitszeit, Arbeitsformen und Arbeitsort bekommen einen individuellen Touch. Das Human-Resources-Management fordert Selbstreflexion, Selbstanalyse und Selbstoptimierung. Es schafft Raum für Eigenverantwortung bei der Arbeitsplanung und –durchführung. Arbeit ist nicht mehr nur der Ort der Existenzsicherung, sondern dient auch der Realisierung eigener Interessen und der Selbstverwirklichung. Individualität wird nicht mehr als Störfaktor gesehen, sondern als Stimulus für die noch unentdeckten Leistungspotenziale in Herz, Seele und Verstand genutzt. Sie gilt es zu mobilisieren und für den Arbeitsprozess fruchtbar zu machen.

Selbstbestimmung wird zur Leistungsnorm. Selbstbestimmung, ehedem wünschenswert, wird zur Leistungsnorm. Der Mitarbeiter soll sich als ganzheitlicher Mensch und als Unikat in die Arbeit einbringen. Als Folge hiervon lösen sich die von der Industriegesellschaft gezogenen Grenzen von Arbeit und Freizeit, von Beruf und Hobby. Die über Tarifverträge vermittelte Zugehörigkeit zur Belegschaftsmasse wird durch individuelle Arbeitsverträge ausgehöhlt. Das Normalarbeitsverhältnis erodiert.

Zwänge und Sicherheiten der Normalarbeit werden gegen die individuellen Freiheiten von „New Work" getauscht. „Ich muss an mir arbeiten und meine Qualifikation sichtbar machen", erkennen Bandarbeiter gleichermaßen wie Verwaltungsangestellte. Manche gehen noch einen Schritt weiter, indem sie sich „markieren". Falle auf, sonst fällst du durch, lautet die Empfehlung. Man wird von Kunden, Kollegen und Vorgesetzten beobachtet und bewertet. Unauffälligkeit und Nichtstun werden zum Risiko. Zur Risikominimierung hingegen werden „Employability", oder noch besser, „Uniquability" empfohlen. Damit aus der grauen Maus ein „Unikat" wird. (Juli 2017)

57. Wirtschaftskriminalität 4.0

Algorythmen als eine Art Betrugswerkzeug

VW-Chef Matthias Müller erklärte im Anschluss an den Dieselgipfel: „Der Wortwahl ‚unternehmerisches Versagen' et cetera mag ich mich nicht anschließen." Umgekehrt bedeutet das: Der Dieselbetrug beziehungsweise der Abgasskandal und wohl auch die sich andeutende Karteiklüngelei drücken unternehmerisches Können aus. Stimmt, die Gehaltsmillionäre der Autoindustrie haben es geschafft, Kunden arglistig zu täuschen und Extraprofite auf Kosten der Volksgesundheit zu realisieren. Sie, die Rufschädiger deutscher Wertarbeit und Totengräber einer lebenswichtigen Branche, sprechen sich von aller Schuld frei. Die Politik bezeugt die Unschuld der Schuldigen.

IKT als Katalysator für Wirtschaftskriminalität. Vergehen dieser Art bis hin zur Wirtschaftskriminalität sind keine Anomalität unserer Zeit. „4.0" steht für den Zugewinn an Unmoral, die mit „5.0" weiter zunehmen wird. Die IKT ist ein Katalysator. Mit Software lassen sich Abgaswerte nach unten korrigieren und Prüfbehörden täuschen. Algorhithmen sorgen für den verschlungenen, schnellen Transport von Schwarzgeldern nach Panama.

Die IKT als hochkomplexes und dynamisches System bietet viele Anreize für wirtschaftskriminellen Verhaltensweisen. Prüfinstitute, Wirtschafts- und Steuerprüfer, Polizei und Zoll finden nur schwer brauchbare Spuren im Big-Data-Heuhaufen. Algorithmen sind die „Einbruchswerkzeuge" von morgen. Die notwendigen Beweise liegen in irgendeinem Rechenzentrum in der Wüste von Utah oder schweben als Cloud über uns. Die IKT ist zugleich auch das Werkzeug, um den Tätern auf die Spur zu kommen. Stellt sich nur die Frage, wer über die besseren Werkzeuge und Experten verfügt

Ein Novum unserer Zeit ist die Zunahme an Literatur zum Thema Werte, die Gründung von Lehrstühlen hierzu und die Anzahl an Hochglanzbroschüren mit Titeln wie „Unternehmenswerte der XYZ AG". Priester und Trainer bieten sich als Werte-Scouts an. So hat etwa Anselm Grün im Mönchsornat vor Zehntausenden Führungskräften seine patinabehaftete Moralpredigt heruntergeleiert, die er besser vor Sündern seiner eigenen Kirche hätte halten sollen. Die Deutsche Bank beteiligt sich an der Ethikdiskussion im Rahmen des Deutschen Nachhaltigkeitskodex und verstößt nonstop gegen die Rechtsordnung.

Je mehr Werte verkündet werden, umso größer ist der Werteverlust. Alle Großunternehmen haben sich nach der Umweltnorm DIN ISO 14000 zertifizieren lassen oder bekennen sich zur DIN 26000 (Gesellschaftliche Verantwortung umsetzen). Sie unterzeichnen alle möglichen Erklärungen zur Corporate Responsibility, um im nächsten Moment dagegen zu verstoßen. In der empirischen Großstudie über das deutsche Corporate Governance-System ist nachzulesen, dass die Bedeutung solcher Kodizes in der unternehmerischen Praxis gering ist: „Mit ernst zu nehmenden firmenspezifischen Verhaltenskodizes sind nur etwa 20 Prozent der deutschen Gesellschaften ausgestattet." Es scheint, als würde sich die Wertediskussion der Wirtschaft reziprok proportional zum Werteverfall verhalten. Je mehr Unternehmen Werte verkünden, umso größer der Werteverlust.

Grundwerte, Leitbilder oder Kodizes ersetzen kein sichtbar gelebtes Wertesystem. Der Inhalt muss stimmen. Es bedarf vorbildhafter Persönlichkeiten auf der Kommandobrücke, die das vorleben, was in den vielen Proklamationen steht. Ein Fisch stinkt bekanntlich vom Kopf her. Wie soll eine auf Werte begründete Unternehmenskultur entstehen, wenn der Kopf moralisch verwest?

Wir brauchen keine neue Wirtschaftsethik. Der Ruf nach einer neuen Ethik wird lauter. Brauchen wir die wirklich? Meine Antwort lautet nein. Wir verfügen über einen verbindlichen Kodex menschlichen Handelns, der sich aus vielen Zuflüssen, vor allem der Religion, den Sitten und den Gesetzen speist.

Es mangelt uns an der Moral. Wirtschaft und Ethik sind keine Gegensätze, sondern die notwendige dialektische Einheit, um als Unternehmen langfristig erfolgreich zu wirken. Das bedeutet aber nicht, Wirtschaftsethik nur als neues Marketinginstrument zu nutzen, dessen einziger Zweck darin besteht, die Position eines Unternehmens im Sinne von „ethic pays" (Ethik lohnt sich) auf dem Markt zu stützen.

Die White-Collar-Kriminellen in den Vorstandsetagen von Dax-Konzernen sind gut beraten, den Kategorischen Imperativ des Philosophen Immanuel Kant zu beherzigen: „Handle so, dass die Maxime deines Willens jederzeit als Prinzip einer allgemeinen Gesetzgebung gelten könnte (...) Handle so, dass du die Menschheit, sowohl in deiner Person als auch in der Person eines jeden anderen, jederzeit zugleich als Zweck, niemals nur als Mittel brauchst." Umgangssprachlich ausgedrückt heißt das: „Was du nicht willst, was man dir tut, das füge auch keinem anderen zu." (August 2017)

Walter Simon (Hrsg.)

Persönlichkeits-modelle und Persönlichkeits-tests

18 Persönlichkeitsmodelle für
Personalauswahl, Persönlichkeitsentwicklung,
Training und Coaching

GABAL
Professional Training

58. Drei Millionen fehlende Arbeitskräfte 2030
Düstere Prognosen von Prognos

Die Studie des schweizerischen Forschungsinstituts Prognos von August 2017 fand in den deutschen Medien große Beachtung. Angeblich würden der deutschen Wirtschaft im Jahr 2030 drei Millionen Fachkräfte fehlen. Daraus resultiere ein Wohlstandsverlust von 3,8 Billionen Euro. Politik und Wirtschaft wurden, wie schon bei vorherigen Prognos-Studien zum Thema Arbeitsmarkt, aufgerufen, Gegenmaßnahmen zu ergreifen. Das war ganz im Sinne des Auftraggebers, dem Verband der Bayerischen Wirtschaft. Präsentiert wurden keine fundamental neuen Erkenntnisse, denn schon 2013 meldete das Bundesministerium für Arbeit und Soziales ein Defizit von 2,9 Millionen Arbeitskräften. Forschungsergebnisse aus den Jahren vor der Flüchtlingswelle mussten inzwischen leicht nach unten korrigiert werden. Die Bevölkerung war um 1,1 Millionen Menschen gewachsen und der Mindestlohn war eingeführt. Andere Arbeitsmarktforscher, wie etwa das Institut für Arbeitsmarkt und Berufsforschung (IAB), sehen auf neueren Studien basierend ein Unterangebot von nur 2,7 Millionen Arbeitskräften bis 2030.

Wie verlässlich sind Arbeitsmarktprognosen? Zukünftig werden mehr Menschen aus dem Erwerbsleben ausscheiden als neu eintreten. Immer mehr erwerbsfähige Menschen drängen in den Arbeitsmarkt. Der demografische Faktor war lange eine berechenbare Größe. Dann aber brachten US-Militärs mit ihrem Einmarsch in den Irak das geopolitische und soziale Gefüge im Nahen Osten zum Einsturz. Die Rechnung zahlen wir und die Mittelmeerstaaten. Nicht allein die Bevölkerungsentwicklung entscheidet also darüber, wie viele Arbeitskräfte zur Verfügung stehen.

Es stellt sich die Frage nach der Verlässlichkeit von Arbeitsmarktprognosen. Das IAB betont die „vielen Unsicherheit und Unschärfen" der Arbeitsmarktforschung und spricht von bedingten Wenn-Dann-Aussagen. Die Forscher denken die gegebene

Situation mit einem Zeithorizont von 20 bis 25 Jahren weiter. Mögliche Einflusskräfte bleiben ausgeklammert, da man die Wirkungsverläufe vielfach noch nicht kennt oder die Analysen ins Unendliche führen würden. In Anbetracht der Schnelllebigkeit unserer Zeit, der globalen Vernetzung und der daraus resultierenden Wirkungsdynamik auf nationale Volkswirtschaften und Arbeitsmärkte weisen selbst die Arbeitsmarktforscher auf ihre Prognoseprobleme hin. Darum erfolgen ihre Aussagen lediglich als Szenarien.

Wie geht es weiter? Sollte die ohnehin schon schnelle Entwicklung in Richtung „Wirtschaft 4.0" mit künstlicher Intelligenz oder Big Data weiterhin an Tempo gewinnen, würde die evolutionäre in eine revolutionäre Entwicklung umschlagen – und der Arbeitsmarkt 2030 müsste neu berechnet werden.

Wie problematisch Prognosen, wie etwa die der Prognos AG sind, zeigen Aussagen zum Akademikerbedarf. 2015 wurde ein Fehlbedarf von 500.000 bis 2020 festgestellt. Bis 2030 sieht Prognos einen Mangel an Ingenieuren, Forschern, Managern, Ärzten, Journalisten und Kreativberufen. Das IAB schreibt: Das Angebot an Akademikern reiche in Zukunft rechnerisch aus, um die Nachfrage zu befriedigen. Noch weiter geht das Frauenhofer-Institut für Angewandte Informationstechnik (FIT), das bis 2020 ein Überangebot an Hochqualifizierten sieht. Die betroffenen Akademiker müssten sich auf Erwerbslosigkeit einstellen oder Tätigkeiten unterhalb ihrer Qualifikation nachgehen. Zum Trost von Akademikern sei mit einem Karl Valentin zugeschriebenen Zitat gesagt: „Prognosen sind schwierig, besonders, wenn sie die Zukunft betreffen." (September 2017)

59. Coworking-Spaces
Jetzt auch bei Airbnb

Im Oktober 2017 gab der Community-Marktplatz Airbnb bekannt, dass neben Wohnungen ab sofort auch Büroarbeitsplätze auf dieser Plattform buchbar sind. Coworking bekommt neue Impulse. Man stelle vor, ein deutsches Unternehmen eröffnet in einem Zürcher Coworking-Space ein Büro, das aus nur einem Schreibtisch besteht. Kommen noch zwei Zeitarbeiter dazu, wird ein Vierer-Teamtisch angemietet. An vielen Orten Europas kann man mittlerweile solche Kurzzeit-Schreibtische in einer Art Großraumbüro mieten. Zunächst waren es Zeitarbeiter, Freelancer oder andere Varianten des Entrepreneurships, die unkompliziert und kurzfristig einen Büroplatz für begrenzte Zeit buchten, quasi nebenbei selbstständige Kollegen trafen und mit ihnen zusammenarbeiteten.

Viele nutzen mittlerweile Coworking, um der Enge der eigenen Wohnung, dem Lärm der Kinder oder der Einsamkeit der eigenen Wohnzelle im Wohnblock zu entgehen. In einer Mischung aus entspannter Kaffeehaus-Atmosphäre und konzentriertem Arbeitsumfeld wird ein Raum zwischen Arbeit und Privatsphäre angeboten, der Austausch, Innovation und Kreativität fördert. Dank gemeinsamer Veranstaltungen, Workshops oder auch nur durch den Plausch an der Kaffeemaschine entstehen neue Kontakte, möglicherweise ergeben sich sogar gemeinsame Projekte oder Aufträge. Die Nutzung dieser Coworking-Spaces ist zumeist unverbindlich und zeitlich flexibel. Der Coworker bringt nur seinen Laptop mit, Drucker, Kopierer und Kaffeemaschine stellt das Kollektivbüro. Geschäftspartner können in Besuchsräumen empfangen werden. Die Preise für die Nutzung eines Coworking-Space bewegen sich vom Tagesticket zu 25 Euro bis zur Monatsmiete für 350 Euro einschließlich Briefkasten, Materialcontainer und Schlüssel.

Die Kundschaft. Auf den Coworking-Arbeitsplätzen tummeln sich vorzugsweise IKT-, Kultur- und Kreativberufe. Als

Folge ihrer Internetsozialisation benötigen sie soziale Orte. Coworking-Spaces bieten ihnen eine besondere Art kreativer Nestwärme. Freiberufler erledigen unregelmäßig Aufträge und haben keine regelmäßigen Einkünfte. Bei den „Kreativlingen" handelt es sich überwiegend um instabile berufliche Existenzen mit hoher Qualifikation bei geringem Einkommen. Die wenigsten Vertreter dieser digitalen Boheme können die Miete für Büros in Innenstadtlagen aufbringen. Fixkosten wirken tödlich, Coworking-Spaces risikomindernd.

Der Prozess der Gründung dieser neuen Art von Büro-Wohngemeinschaften ist im Gange. Die meisten Coworking-Spaces befinden sich, wo sonst, in den USA. Aber auch in Deutschland, Österreich und der Schweiz nehmen Angebote zum „Collaborativ Working" unter einem gemeinsamen Dach zu. Ich attestiere Coworking eine gute Zukunft, denn der Trend zu Formen einer neuen Selbständigkeit nimmt zu, insbesondere im Bereich der Kreativwirtschaft. Die entscheidenden Impulse kommen aus der Dienstleistungs- und Digitalwelt, verstärkt durch den aus zunehmender Komplexität und Dynamik resultierenden Beratungsbedarf.

Airbnb sprang rechtzeitig auf diesen Zug auf. Über dessen Kooperationspartner WeWork sind Arbeitsplätze buchbar, zunächst noch in Hamburg, Berlin und Frankfurt. So wie die Deutsche Bahn gleich noch das bahnhofsnahe Hotel oder den Mietwagen anbietet, können bei Airbnb ein ortsnahes Büro oder ein Besprechungsraum gebucht werden. Neben dem Schreibtisch gibt es ein umfassendes Serviceangebot. Das Frankfurter WeWork-Zentrum nennt namhafte Großunternehmen auf seiner Webseite. Es scheint, dass Coworking beziehungsweise Coworking-Spaces ein weiteres Puzzle der sich auf Flexibilisierung umstellenden Arbeitswelt 4.0 sind. (Oktober 2017)

60. Der Coaching-Jahrmarkt
Die Welle rollt und rollt und rollt

Seit Jahren wälzt sich eine Coachingwelle durch Deutschlands Unternehmen. Nach verschiedenen Schätzungen sollen 5.000 bis 8.000 Coachs ihre Dienste anbieten. Der Branchenumsatz wird auf 850 Millionen Euro geschätzt. Man muss aber genau hinschauen: Welcher Wirtschaftstrainer ist nicht zugleich Coach, und welcher Coach ist nicht gleichzeitig Führungs- oder Kommunikationstrainer? Das Angebot übersteigt die Nachfrage. Mehr als 300 Einrichtungen bieten Coachingausbildungen an. Um in der überbordenden Coachingszene aufzufallen, müssen sich die Anbieter immer schrillere Marketinggags einfallen lassen. Das Resultat ist allzu oft psychologischer Humbug.

Was ist Coaching? Und wer ist ein Coach? Hinter dem schillernden, diffusen und vieldeutigen Begriff Coaching verbirgt sich heute ein marktschreierischer Wirrwarr. Mittlerweile werden 40 Definitionen des Begriffs angeboten. Auf eine eindeutige Definition konnten sich die 20 (!) deutschen Coachingverbände bisher nicht einigen. Was unterscheidet den Coach vom Paten, vom Mentor, vom Instrukteur und Supervisor? Die Schnittmenge zwischen Coaching, Mentoring und Supervision ist groß. Vorgesetzte sollen ihre Mitarbeiterinnen und Mitarbeiter coachen, kann man vielerorts lesen. Ja, was denn nun? Sollen sie führen oder coachen?

Ein Coach ist, wer sich Coach nennt. Als ich unlängst einen Coach fragte, worauf seine Qualifikation basiere, wies er auf seine NLP-Ausbildung hin. NLP – das ist das psychologische Placebo, das nichts nützt, aber auch nichts schadet. Die Qualifikation der Coachs ist die Achillesferse der ganzen Branche.

Was und wer wird heute eigentlich noch nicht gecoacht? Man muss gängige Begriffe nur mit dem Beiwort Coaching ersetzen und schon hat man ein neues Coachingthema. Was sich früher

Verkaufstraining nannte, heißt heute Salescoaching. Projektcoaching ersetzt Projektberatung. Vorgesetzte führen ihre Mitarbeiterinnen und Mitarbeiter nicht mehr, sondern coachen sie.

Systemisches Coaching als Blendbegriff. Bei der Menge praktizierender Coachs ist es geboten, sich aus der grauen Masse abzuheben. Das geschieht, indem man das Adjektiv „systemisch" vor die Tätigkeitsbezeichnung setzt. Der Normalverbraucher weiß zwar nicht, was damit gemeint ist, aber die Verknüpfung der Begriffe „systemisch" und „Coaching" klingt gelehrig. Mittlerweile haben sich fast alle Coachs zu Systemikern erklärt.

Wer einen Blick in das Schriftgut oder auf die Homepages unserer Coaching-Systemiker wagt, erstarrt vor Ehrfurcht. Diese Leute verfügen nach Eigenauskunft über eine breite und tiefe Theoriebasis, wie man sie sonst kaum in der Szene antrifft. Der systemische Coach schöpft wie ein Universalgenie aus der Chaostheorie und Kybernetik, dem Konstruktivismus, der Anthropologie und Entwicklungspsychologie, der Systemtheorie und der Biologie. Diese und andere Wissenschaften verschmelzen im systemischen Coaching fast zu einer Metatheorie.

Der emeritierte Organisationspsychologe Oswald Neuberger meint, dass nicht wirklich mit der Systemtheorie gearbeitet werde, sondern nur mit einer System-Sprache. Es handelt sich um eine Art Berater-Latein, ähnlich dem Latein, dass in der frühen katholischen Kirche nur vom Klerus gesprochen wurde. Das hatte Wirkung auf die Gläubigen, denn der Zugangscode zum Himmel musste lateinisch formuliert werden. Der systemische Jargon hat die gleiche Funktion und Wirkung wie das Jägerlatein der NLP-isten, vor allem den Blendeffekt auf Laien und die Immunisierung gegen Kritik. Oswald Neuberger pointiert in Anlehnung an Rumpelstilzchen: „Ach wie gut, dass niemand weiß, was man so systemisch heißt." (November 2017)

61. Burn-out
Ein Statistikproblem?

Seit zwei Jahrzehnten grassiert eine gefährliche Epidemie in Deutschland, die fast schon das Ausmaß einer Pandemie angenommen hat. Die Krankheitserreger stammen größtenteils aus der Arbeitswelt. Stress, Hektik, Ungewissheit und Zukunftsangst sind die Auslöser der neuen Volksseuche Burnout. Berufstätige klagen darüber, ausgebrannt zu sein. Standesfunktionäre der Psychomedizin, Pharmazeutischen Industrie und leichtgläubige Journalisten beklagen eine angebliche Unterversorgung der psychotherapeutischen Infrastruktur. Deshalb sah sich der Staat veranlasst Unternehmen zu verpflichten, psychische Belastungsfaktoren zu ermitteln und Schutzmaßnahmen zu ergreifen.

Der Code Z73 und seine Folgen. Eine Krankheit namens Burnout gibt es eigentlich nicht. Sie ist ein Synonym für Schwierigkeiten bei der Lebensbewältigung, für die im medizinischen Klassifizierungssystem der Code „Z73" eingeführt wurde. Inzwischen werden nahezu alle Formen des seelischen Unwohlseins mit dem Etikett Burnout versehen. Im Laufe der letzten zehn Jahre gelangte Burnout in das Bewusstsein und Vokabular von Ärzten. Klagt ein Arztbesucher über Unwohlsein und Überforderung, schreibt der Hausarzt nur allzu schnell den Code „Z73" auf die Krankmeldung. Parallel dazu stiegen die Verschreibungen an Psychopharmaka und blähten so die Krankenstatistik der Kassen mit Burnout-Erkrankungen auf.

Dieser Sachverhalt löst kritische Nachfragen aus. Inwieweit wirken individuelle Persönlichkeitsmerkmale, beispielsweise Angst oder Temperament, auf das seelische Befinden von Menschen? Es ist Vorsicht geboten, die Schuld an der Burnout-Inflation den Begleiterscheinungen der Arbeitswelt des 21. Jahrhunderts zuschreiben zu wollen. Die familiäre Situation, das eigene Freizeitverhalten und die Lebensumstände unserer Epoche haben ebenso ihren Anteil am seelischen Wohlbefinden wie der mobbende Chef oder ungeduldige Kunden. Oft sind die Mitarbeiterinnen und Mitarbeiter selbst die Hauptverantwortlichen, deren Karrierestreben stärker antreibt als die Peitsche eines Sklavenhalters.

Bournout als Verlegenheitsdiagnose. Mehr als früher haben Menschen ihre Scham abgelegt, Ärzten ihr psychisches Befinden mitzuteilen. Da die wenigsten Hausärzte in der Lage sind, treffsicher reale Depressionen zu diagnostizieren, kommt es zu Verlegenheitsdiagnosen wie vegetative Dystonie oder Erschöpfungsdepression. So steigern sich die Fallzahlen psychischer Erkrankungen und somit die Burnout-Statistik. Der Ruf nach mehr Psychotherapeuten wird lauter, obwohl es heute eine nie dagewesene Versorgungsdichte psychologischer Dienstleistungen einschließlich Coachs gibt. Hier scheint das Saysche Theorem zu wirken, wonach sich jedes Angebot seine Nachfrage verschafft. Kritische Mediziner meinen hierzu, dass nicht die Zahl der psychisch Kranken zugenommen habe, sondern Krankheiten, die als solche behandelt werden. Das kann auch nicht anders sein, wenn selbst schon Traurigkeit, Überlastung und Ärger als depressive Erkrankungen gedeutet werden.

Die Frage, ob es einen epidemischen Anstieg psychischer Erkrankungen gibt, beantwortete der DAK-Gesundheitsreport schon 2013 eindeutig mit nein. Und auch das Fazit einer Metastudie zum Thema psychische Erkrankungen lautet: „Die unterstellte Zunahme psychischer Störungen aufgrund des sozialen Wandels kann nicht bestätigt werden." Wie auch, wenn die Glückseligkeitswerte westlicher Gesellschaften zunehmen und die Selbstmordraten sinken? (Dezember 2017)

62. Die Revolution der Roboter
Eine Innovationsexplosion steht bevor

Wir stecken mitten im Prozess der Roboterisierung der Gesellschaft. Ergänzend dazu sorgen Big Data und Künstliche Intelligenz für eine auf Robotonik basierende Innovationsexplosion. Manche Autoren sprechen von der Revolution der Roboter. Diese sind in der Alltagswelt angekommen: An der Universität Bremen lernen humanoide Roboter das Kochen. In Kalifornien braten sie bereits Burger und in Japan rollen sie Sushi-Happen. 15 Millionen Rasenmähroboter rollen durch amerikanische Gärten und staubsaugende Roboter sorgen für die Sauberkeit der Wohnung.

Ein Roboter ist mehr als nur ein Computer. Hier wirken Elektronik, Mechanik und Informatik – insbesondere in Form der künstlichen Intelligenz und neuerdings der Optik – auf die Umwelt ein. „Sehende" Roboter befinden sich im Reifungsstadium.

Sex mit einem Roboter? Von den verschiedenen Robotertypen spielen Industrieroboter und Serviceroboter für diverse Anwendungen die Hauptrolle. Aber auch selbstfahrende Autos und Drohnen gehören zur Gattung Roboter. Natürlich könnte ein Roboter auch ein normales Auto lenken. Fast täglich werden neue Einsatzbereiche für Roboter benannt, beispielsweise zur Wein- oder Orangenernte, bei klinischen Operationen, dem Melken von Kühen oder der Pflege älterer Menschen. Auf dem Kongress „Love with Robots" wurde schon 2016 über die lustvollen Einsatzmöglichkeiten roboterisierter Sexualpartner diskutiert.

Obwohl sich das öffentliche Interesse sehr auf humanoide Roboter konzentriert, spielen sie für die Arbeitswelt (noch) keine Rolle. Sie sind ein nettes Spielzeug oder Blickfang, wenn sie etwa auf der Hannover Messe der Bundeskanzlerin die Hand reichen. Dennoch: Boston Dynamics, eine Google-Tochter, beeindruckt mit einem 80 Kilogramm schweren, 175 Zentimeter großen Maschinenmenschen, der mühelos 5-Kilogramm-Pakete stapelt und nach einem Salto rückwärts sofort wieder ins Gleichgewicht kommt. Hinter dem Projekt steckt das US-Militär. Aber auch

Amazon interessiert sich für diese Spezies von „Lagerarbeitern", die rund um die Uhr arbeiten, nicht krank werden, in keiner Gewerkschaft sind und keinen Urlaub fordern. Google, zukünftige Geschäfte witternd, kaufte ein Handvoll Robotik-Startups.

Industrie 4.0 = Robotik. Vollautomatische Maschinen gibt es schon lange. Herkömmliche Industrieroboter machen das, was ihnen die Software vorgibt. Die Verbindung des Roboters mit dem Internet, die Anbindung an Daten- und Programm-Clouds nebst der Fähigkeit des Maschinenlernens (Deep Learning) haben der industriellen Fertigung eine neue Qualität gegeben. In der zukünftigen Industrie 4.0 benötigt die Maschine keine Anweisungen mehr vom Menschen. Sie „handelt" die Arbeitsweise kollaborativ mit anderen Maschinen aus. Die Maschinen verwandeln sich in „Arbeiter". Dort, wo der Mitarbeiter heute noch per Absperrgitter vom Roboter ferngehalten wird, sorgen bald schon Sensoren und Aktoren dafür, dass Mensch und Roboter nebeneinander zusammenarbeiten, ohne dass Arbeitsunfälle drohen.

Auf dem Weg in die vollautomatisierte Wirtschaft.

Roboter revolutionieren unsere Alltagswelt. Dafür sorgen stets neue und sich selbst vermehrende Algorithmen, die sich deutlich schneller entwickeln als die Technik. Hardware- und Softwarepreise bewegen sich abwärts. Eine Innovationsexplosion steht bevor.

‚Mitdenkende' Maschinen ebnen den Weg zu einer vollautomatisierten Wirtschaft mit unbegrenztem Ausstoß. Hier droht Arbeitslosigkeit, sinkende Nachfrage und fehlende Kaufkraft. Was dann? Grundeinkommen für alle oder Maschinensteuer? Wonach wird sie bemessen: Nach der Anzahl der Roboter im Unternehmen oder am Datenvolumen, das ein Unternehmen nutzt? Auch ethische Aspekte und Fragen der Haftung, wenn etwas schiefgeht, sind zu klären. Noch sind wir nicht auf den roboterisierten Alltag vorbereitet und die Politik weiß keine Antworten. (Februar 2018).

63. Roboter kommen, Mitarbeiter gehen
Droht eine Massenarbeitslosigkeit?

In den 1980er-Jahren, noch vor Apple und dem Internet, fragten die Menschen nach den Gefahren, die von Computern ausgehen. Das Gespenst der Massenarbeitslosigkeit wurde beschworen. Die Angst war unbegründet. Seit immer mehr Roboter in Fabrikhallen rotieren, steht das Thema erneut auf der Tagesordnung von Gewerkschaften, Wissenschaftlern und Journalisten. Im Dezember 2017 schockte das McKinsey Global Institute mit der Aussage, dass bis 2030 fast ein Viertel aller Arbeitsstunden durch Automatisierung wegfallen. Frauen sind besonders betroffen, heißt es in einer Studie des Weltwirtschaftsforums aus Davos. Das hohe Lohngefüge befördert diese Entwicklung, und das selbst in China, wo die Löhne für Fabrikarbeiter jährlich um 20 Prozent steigen. Von dort kehren die abgewanderten 1,2 Millionen Jobs der amerikanischen Textilindustrie jetzt zurück, da China und auch Indien dank roboterisierter Fertigung in den USA keinen Kostenvorteil mehr bieten.

Der deutsche Arbeitsmarktforscher Holger Bonin hat errechnet, dass sich die Arbeitsplätze von fünf Millionen Erwerbstätigen automatisieren lassen. 80 Prozent der Geringqualifizierten müssen sich sorgen.

Software frisst die Welt. Auch die Arbeitsplätze im klassischen Einzelhandel sind durch die Digitalisierung betroffen. Der Onlinehandel tritt an die Stelle der Ladentheke. In den Versandzentren von Amazon packen immer mehr Roboter die bestellten Artikel in Kartons. Onlinehandel reduziert drei Kostenfaktoren drastisch: Mieten, Arbeitskosten und Diebstahl. Viele, ja fast alle Tätigkeiten werden von der Digitalisierung erfasst. IT ist eine echte Allzwecktechnologie. Sie wird alle Branchen einschließlich der Jobs umpflügen. Software frisst die Welt, so Netscape-Gründer Marc Andreessen.

Wie die Prognosen auch immer ausfallen, noch sind die Einflüsse der Robotik auf die Arbeitswelt schwer einschätzbar. Die Künstliche Intelligenz kann bestimmte Aufgaben übernehmen, wird aber nicht allzu schnell ganze Berufe ersetzen. Der Strukturwandel von der Industriegesellschaft in die Digitalwelt hat alte Jobs vernichtet, aber auch neue geschaffen. Geht das so weiter? Renommierte Wissenschaftler diesseits und jenseits des Atlantiks melden Zweifel an und begründen dies mit der Entwicklung Künstlicher Intelligenz und dazugehöriger Roboter.

Einzelbeispiele des Robotereinsatzes lösen Vermutungen und Ängste aus. Die Arbeitsmarktstatistik bietet aber keine eindeutigen Belege für die jobkillende Wirkung von Robotern. Japan und Südkorea, Länder mit dem höchsten Robotereinsatz Asiens, beweisen dies mit ihrer geringen Arbeitslosigkeit.

Mit den Maschinen laufen, nicht gegen sie. Wie sehr die Roboterisierung die Beschäftigten benachteiligt, zeigt die ungleiche Entwicklung von Produktivitätszuwachs und Lohnquote seit 1980. Die Produktivität steigt, Wachstum ist gegeben, doch die Lohnquote bleibt zurück und die Anträge auf Sozialhilfe steigen. Es werden mehr Dinge hergestellt, aber das mit immer weniger Arbeitskräften. Man spricht von „jobless recovery", beschäftigungsfreiem Wachstum.

Als Therapie gegen die Roboterinfektion wird Höherqualifizierung empfohlen. Aber Vorsicht: Die Roboter haben es auch auf anspruchsvolle und gut bezahlte Tätigkeiten abgesehen. IT-Vordenker empfehlen, mit Robotern zu kollaborieren, beziehungsweise „mit den Maschinen zu laufen" und nicht gegen sie. Dieses Rezept mindert vielleicht den von den Robotern verursachten Schmerz, aber heilt nicht die Infektion.

Die deutsche IT-Forscherin Jeschke meint: „Wir müssen uns fragen, ob Menschen nur dann vernünftig existieren können, wenn sie von Erwerbsarbeit leben." Das ist für viele die Schlüsselfrage der digitalen Zukunft. Es mag vielleicht trösten, dass das deutsche Arbeitskräftepotenzial als Folge des demografischen Wandels bis 2030 um drei Millionen sinken wird. (Januar 2018)

64. New Work
Wunschbild oder Wirklichkeitsbeschreibung?

Neue Begriffe geistern durch die Welt des Personalwesens: Generation Y, Co-Working, Work-Life-Blending, Design Thinking, Kollaboration oder Agilität, um nur einige zu nennen. Besonders heraus sticht dabei der Begriff New Work, der die zuvor genannten und andere Begriffe aufnimmt. Gemeint ist die Art und Weise, wie wir zukünftig arbeiten werden. Genauer gesagt, wie sich der Begriffsschöpfer Frithjof Bergmann, ein austro-amerikanischer Sozialphilosoph, die Arbeitswelt der Zukunft vorstellt. Dies betrifft vor allem die so genannten Digital-Worker, Kreativschaffende und Freiberufler verschiedenster Provenienz. Worum es ihm geht, hatte er 2004 in seinem Buch „Neue Arbeit, Neue Kultur" dargelegt. Das Werk fristete zunächst ein Schattendasein und fand erst im Prozess zunehmender Digitalisierung beziehungsweise Industrie 4.0 die ihm gebührende Aufmerksamkeit.

Notwendigkeiten für New Work. Man kann New Work dem Großbereich Change Management zuordnen. Bergmann sieht den Wandel in folgenden Bereichen: Struktur der Arbeit, Einstellung zur Arbeit, Technologisierung und Digitalisierung. Daraus ergeben sich sieben Trends beziehungsweise Notwendigkeiten:

1. Netzwerkkultur: Sie ist wegen ständiger und unvorhersehbarer Veränderungen notwendig. Führung schafft einen Rahmen, der kollegiale Selbstorganisation ermöglicht.

2. Wohlfühlkultur: Arbeit soll Spaß machen und angstfrei verrichtet werden. Augenhöhe statt Hierarchie.

3. Kreativität und Agilität: Die neuen Tätigkeiten verlangen Flexibilität, Wandlungsfähigkeit und Unangepasstheit. Mitarbeiter müssen kreieren, innovieren, kooperieren und projektieren. Sie müssen die Tastatur der sogenannten Soft Facts beherrschen.

4. Neue Formen der Arbeit: Die Kernmannschaft arbeitet im Verbund mit Leiharbeitern, Freelancern, Zeitarbeitern und Inte-

rimsmanagern. Der klassische Arbeitsvertrag stirbt aus. Ein Teil der Arbeit wird im Homeoffice erledigt.

5. Neue Führungsaufgaben: Zukünftig müssen anwesende Mitarbeiter und abwesende Home-Worker, fremd- und selbstorganisiert Arbeitende, festangestellte und geliehene Mitarbeiter geführt werden. New Leader dürfen sich nicht vor Macht- und Kontrollverlust fürchten.

6. Neue Arbeitslandschaften: Man vergegenwärtige sich die TV-Bilder der Architektur und Innenarchitektur der Konzerngebäude von Google und Amazon. Was dahinter steckt: Unternehmen sollen genauso angenehm empfunden werden wie die eigenen vier Wände. Raumdesigner sorgen für fließende Kommunikation und firmeninterne Wikis für umfassende Kommunikation.

7. Neue Haltung:Arbeit und Freizeit verschmelzen immer mehr. Mitarbeiter schenken dem Unternehmen Privatzeit, die Unternehmen ihren Mitarbeitern Eigenzeit während der Arbeit. Wer „always on" ist, benötigt Entschleunigung. Die Rahmenbedingungen sollen auf das Individuum angepasst werden.

New Work als Gegenmodell zum Kapitalismus. Bergmann versteht New Work als Gegenmodell zum Kapitalismus. Das Jobsystem sei am Ende, und mit New Work böte sich die Chance, Menschen von der Knechtschaft der Lohnarbeit zu befreien, so das Anliegen des Sozialphilosophen. Freiräume, Freiheit, Flexibilität, Persönlichkeitsentwicklung und selbstbestimmte Arbeitszeit sind sein Credo. New-Work-Propagandisten meinen, dass Globalisierung und Digitalisierung der Idee neuen Schub gegeben haben.

Ich halte Bergmanns Anliegen grundsätzlich für ehren- und erstrebenswert. Der Kapitalismus ist kein in Stein gemeißeltes Wirtschaftssystem, doch hat er sich als erstaunlich wandlungsfähig erwiesen. Ein überproportional großer Anteil Sozialromantik schwächt die Wirkung seiner Botschaft erheblich ab. Wie wenig die Industrie von selbstbestimmter Arbeitszeit hält, hat der Arbeitskampf um die 28-Stunden-Woche im Zwei-Jahres-Rahmen gezeigt.

Die Ablösung industrieller Fertigung durch Eigenproduktion würde ich in das Reich der Phantasie verweisen. Das gilt ebenso für die vorgeschlagenen New-Work-Zentren, in denen Menschen gemeinsam mit Mentoren herausfinden, welches die für sie geeignete Arbeit ist. Mein Fazit: Wer heute behauptet zu wissen, wie die Arbeitswelt in zwanzig Jahren aussieht, sollte sich als Hellseher im Astro TV verdingen.

Prof. Dr. Walter Simon

Index

Über den Autor

Prof. Dr. Walter Simon ist gebürtiger Hamburger und gelernter Drogist. Nach der Lehre fuhr er zunächst zur See. Anschließend studierte er an der Universität für Wirtschaft und Politik in Hamburg, später an der Johann-Wolfgang-von-Goethe-Universität in Frankfurt am Main sowie an der Sophia-Universität in Tokio Wirtschafts- und Sozialwissenschaften mit den Abschlüssen Dipl.-Volkswirt und Dipl.-Soziologe. 1978 promovierte er zum Dr. rer. pol. Im gleichen Jahr trat er als Trainee in der AEG-Telefunken AG in das Berufsleben ein.

1982 gründete er das Innovationsteam für Produktion und Wirtschaft GmbH (IPW-Training und Consulting GmbH) mit Sitz in Bad Nauheim, aus dem später das Corporate University Center hervorging. Er zählt zu den bekannteren deutschen Wirtschaftstrainern, Zukunftsberatern und Busineß-Rednern. Aus seiner ‚Feder' stammen 20 Bücher und etwa 200 Artikel. 2006 gewann er den Internationalen Trainingspreis in Silber.

Von 1995 bis 2002 hatte er den Lehrstuhl für Unternehmensführung an der Wiesbaden Business School (University) inne.

www.profsimon.de

prof.simon@online.de

Bücher des Autors

- Zur Herrschaft der Verbände, Köln 1976

- Der Polyp, Berlin 1978

- Qualitätszirkel, Köln 1993

- Die neue Qualität der Qualität, Offenbach 1995

- Rede nicht, handle!, Offenbach 1996

- Lust aufs neue – 'Werkzeuge für das Innovationsmanagement, Offenbach 1999

- Managementkonzepte von A bis Z, Offenbach 2002

- Bewerberauswahl leicht gemacht: Wer paßt nach der DIN 33430? München 2003

- Ziele managen, Offenbach 2002

- 30 Minute für die Ziele, Offenbach 2012 (mit CD)

- Gabals Methodenkoffer KOMMUNIKATION, Offenbach 2004

- Gabals Methodenkoffer ARBEITSMETHODEN, Offenbach 2004

- Gabals Methodenkoffer MANAGEMENT, Offenbach 2005

- Gabals Methodenkoffer FÜHRUNG, Offenbach 2006

- Gabals Methodenkoffer PERSÖNLICHKEIT, Offenbach 2007

- Gabals Methodenkoffer ZUKUNFT, Offenbach 2011

- Persönlichkeitsmodelle und Persönlichkeitstests, Offenbach 2006

- Kursbuch Strategieentwicklung - Analyse, Planung, Umsetzung, managerMagazin-Edition/Redline 2008

- Abschied von der Normalarbeit. Berufswelt und Arbeitsplatz im Umbruch, Auerbach 2012

- Musterhandbuch nach DIN ISO 9001:2008 für das Qualitätsmanagement von Apotheken, Auerbach 2013

- Volksverdummung statt Persönlichkeitsentwicklung. Training und Coaching unter der Lupe, CreateSpace/Amazon 2016

- Das Bad Nauheim Desaster. Die unendliche Geschichte seines Thermalbades, Norderstedt 2017

Buchbare Vorträge

- Zukunftstrends in Arbeit, Wirtschaft und Gesellschaft
- Der Schlüssel zu den Schlüsselqualifikationen
- Strategisch die Zukunft managen
- So werden wir morgen arbeiten
- Das Märchen von den Management-Erfolgsrezepten
- Gekonnt querdenken
- Persönlichkeitstests auf dem Prüfstand
- Managerethik, Unternehmensethik, Wirtschaftsethik
- Die Zukunft der Führung
- Quo vadis Management?
- Das Geschäftsmodell „Ich"
- Industrie 4.0

Services

Training

Referate

Coaching

Consulting

Kongressreden

Projektmanagement

Personenzertifizierungen nach DIN ISO 17024

Organisationszertifizierungen DIN ISO 9001:2015